나와 내 삶의 의미

진정한 나를 찾기 위한 헤르만 헤세의 인생 수업

나와 내 삶의 의미

ⓒ 장재형 2025

인쇄일 2025년 2월 13일
발행일 2025년 2월 20일

지은이 장재형
펴낸이 유경민 노종한
책임편집 권혜지
기획편집 유노북스 이현정 조혜진 권혜지 정현석 **유노라이프** 구혜진 **유노책주** 김세민 이지윤
기획마케팅 1팀 우현권 이상운 **2팀** 이선영 최예은 전예원
디자인 남다희 홍진기 허정수
기획관리 차은영
펴낸곳 유노콘텐츠그룹 주식회사
법인등록번호 110111-8138128
주소 서울시 마포구 월드컵로20길 5, 4층
전화 02-323-7763 **팩스** 02-323-7764 **이메일** info@uknowbooks.com

ISBN 979-11-7183-086-2 (03190)

진정한
나를 찾기 위한
헤르만 헤세의
인생 수업

장재형 지음

나와 내 삶의 의미

유노
북스

삶은 내 안으로
떠나는 여행이다

누구나 살면서 힘겨운 시기를 보낸다. 나 역시 삶이 힘겨울 때마다 쓰러지듯 침대에 누워 정답을 찾아 헤매다가 잠을 이루지 못한 적이 많았다. 애꿎은 나의 인생을 탓하며 매일 익숙한 듯이 찾아오는 무기력한 일상을 살아간다는 것, 괴로운 삶을 버티며 살아간다는 것, 이것이 삶이란 것을 깨닫게 될 때마다 가끔은 두려움에 떨었다.

내 심장을 파고드는 아픔이 찾아올 때마다 내가 할 수 있는 건 긴 한숨만 내뱉는 일이었다. 내가 왜 태어났는지, 나는 누구인지, 내 인생은 어디로 흘러가는지 전혀 알 수 없는 삶이 얼마나 무의미하고 보잘것없다고 느껴지는가. 삶에 정답이 없다는 사

나 와 내 삶 의 의 미

실이 나를 무기력하게 만들었지만 그래도 살아갈 이유를 어딘가에서 찾고 싶었다. 나는 스스로에게 질문했다.

"나는 누구인가?"
"나는 왜 살아야 할까?"
"내 삶의 의미를 어디서 찾을 수 있을까?"
"나는 어떻게 삶을 살아야 하는가?"
"나는 어떻게 삶이 주는 고통을 견디는가?"
"나는 무엇으로 행복할 것인가?"
"나는 깨달음에 이르는 길을 어디에서 찾을 수 있는가?"

─────

헤르만 헤세를 바꾼 두 번의 전환점

헤르만 헤세는 청소년기부터 중년에 이르기까지 순탄치 않은 삶을 보냈다. 헤세는 자신의 인생에서 두 번의 커다란 변화를 가져다준 계기가 있었다고 회상했다.

첫 번째는 헤세가 시인이 되겠다는 결심을 확고히 한 순간이었다.
그는 독실한 기독교 집안에서 태어났다. 그래서 부모님의 뜻에 따라 목사가 되기 위해 신학교에 입학했다. 하지만 헤세는 경건주의적 종교 생활을 견디지 못하고 수도원 학교에서 퇴학당하고 만다. 그 시절 헤세는 부모나 학교로부터 자신의 존재를 제대로 인정받지 못했다.

두 번째는 제1차 세계 대전이라는 시대적 위기 속에서 전쟁 반대자가 됐던 때다.

그 당시 헤세는 조국으로부터 격렬한 비난을 받았다. 또한 제2차 세계 대전 때 헤세는 독일 나치 정권으로부터 그의 작품의 출판 금지와 판매 금지 처분을 받았다. 결국 그는 조국을 버리고 스위스로 망명한 후 외딴 벽지로 들어가 은둔자가 됐다.

전쟁의 소용돌이 속에서 헤세의 가정생활도 그리 행복하지 않았다. 헤세는 놀랍게도 두 번이나 이혼했고, 세 번이나 결혼했다. 헤세는 이렇게 고통스러운 삶의 과정에서 정체성에 혼란을 느꼈고, 극심한 우울증과 불안감에 시달렸으며 자살 시도까지 했다.

왜 헤르만 헤세인가?

헤세는 〈단편 신학〉이라는 글에서 인간의 발달을 '인간 성숙의 3단계'로 보여 준다. 순수함에서 출발한 인간이 어떻게 하여 순수함에서 절망으로 나아가고, 절망에서 몰락하거나 아니면

나와 내 삶의 의미

구원으로 나아가는지 그 과정을 다음과 같이 설명한다.

첫 번째 단계, 아무 책임이 없는 순진무구한 상태.

첫 번째 단계는 '순수함의 단계'로, 인간은 아무 책임이 없는 순수한 상태에서 시작한다. 그러다가 인간은 죄를 짓고, 선과 악을 알게 되면서 밝은 세계에서 분리되어 어두운 세계로 진입한다. 또한 사회 문화와 도덕, 그리고 종교에서 요구하는 인간의 이상적인 모습을 추구해 본다.

두 번째 단계, 대극 상태.

인간은 도덕의 실현, 완전한 순종이나 섬김이란 존재하지 않는다는 것, 정의란 도달할 수 없는 곳에 있다는 것, 선을 손에 넣을 수 없다는 생각에 절망에 빠진다. 즉 삶과 죽음, 선과 악, 정신과 본능같이 서로 대립하는 양극 사이에서 갈등을 겪게 되면서 절망하게 된다는 것이다. 이것이 바로 두 번째 단계인 대극 상태에서 오는 '절망 단계'다.

마지막 단계, 구원의 단계이자 전체성의 체험 상태.

절망에 빠진 인간 앞에는 두 개의 갈림길이 있다. 하나는 몰락이고, 다른 하나는 구원이다. 절망에서 헤어 나오지 못한 사람은 몰락의 길로 떨어질 것이다. 따라서 몰락의 길로 하강할 것인가,

아니면 더 높은 차원인 구원의 길로 상승할 것인가 하는 중대한 갈림길에 서게 된다. 헤세가 말한 세 번째 구원의 단계가 바로 진정한 나를 찾는 단계다.

진정한 나에게로 가는 길은 수없이 많다. 수많은 길에서 절망은 누구나 진정한 자기실현을 위해 반드시 겪어야 하는 하나의 과정이다. 하지만 절망은 새로운 도약을 위해 새처럼 잠시 날개를 접고 움츠리고 있는 상태일 뿐이다. 그렇다면 헤세의 작품에서 무엇을 기대할 수 있을까? 삶의 의미를 찾을 때 왜 헤세를 만나야 할까?

헤세는 자신이 겪었던 파란만장한 삶의 궤적을 《데미안》, 《황야의 이리》, 《싯다르타》, 《유리알 유희》 등 많은 작품에 그렸다. 작품의 주인공들인 싱클레어, 하리 할러, 싯다르타, 요제프 크네히트는 헤세가 말한 인간 성숙의 3단계의 삶의 과정을 그대로 밟고 있다.

우리는 헤세의 작품들을 통해 주인공들이 두 번째 단계인 절망에서 어떻게 빠져나올 수 있었는지 배울 수 있다. 따라서 지금 삶의 한가운데서 절망의 늪에 빠져 있다면, 그래서 자신과 삶의 의미를 찾지 못하고 있다면 헤세의 이야기에 귀 기울일 필요가 있다. 나는 헤세가 작품 속에서 진정한 나와 내 삶의 의미를 찾는 방법을 다섯 가지로 정리했다.

나와 내 삶의 의미

첫 번째, 운명을 다스리는 방법.

어떤 상황에서 보면 삶은 마치 예정된 대로 흘러가는 것 같다. 하지만 삶은 언제나 다양한 변화의 가능성을 내포하고 있다. 따라서 인간은 어떤 식으로든 자신의 삶을 스스로 살아갈 능력이 있다. 배를 타고 항해할 때 역풍을 맞으면 앞으로 나아가기 어렵다. 마찬가지로 우리의 운명에도 역풍이 불어온다면 불운이 계속되고 앞으로 나아가기가 어렵게 될 것이다. 이때 헤세는 운명을 자신의 것으로 받아들이라고 말한다.

"자기 자신의 삶을 사는 것을 배우라! 자기 자신의 운명을 인식하는 것을 배우라."

우리는 쓰디쓴 자신의 운명을 감미로운 존재로 바꾸는 방법을 헤세에게 배우게 된다. 그것은 내 운명을 사랑하는 것이다.

두 번째, 고통을 잘 견뎌 내는 방법.

헤세는 삶이 주는 잔혹함과 회피할 수 없는 죽음을 불평하지 않았다. 대신 그런 절망을 몸으로 느끼며 받아들였다. "삶은 행복일까? 고통일까?"라고 헤세에게 묻는다면 아마도 그는 "삶이 주는 고통을 잘 살아 내라"라고 말할 것이다. 삶이 주는 고통과 무의미를 마음으로 받아들일 때 비로소 나와 내 삶의 의미를 발견하게 된다.

세 번째, 삶을 흐름에 따라 살아가는 방법.

우리는 더욱 강해지기 위해 불필요한 노력을 많이 한다. 결국 삶이 주는 무게에 짓눌려 강해지기는커녕 무기력해진다. 이런 참을 수 없이 무겁고 진지한 삶에 대해 헤세는 이렇게 처방을 내린다.

"때로는 삶이 흘러가는 대로 놓아두는 편이 좋을 때도 있다."

우리가 불행하다고 느끼는 이유는 너무 많은 것에 집착하고 연연하기 때문이다. 모든 집착은 고통의 원인이다. 인생은 흐르는 강물과 같아서 우리가 머물 곳도, 애써 해야 할 일도, 애써 가야 할 곳도 없다.

헤세는 삶을 흘러가는 대로 놓아두면 무엇이든 할 수 있고, 어디로든 갈 수 있다고 믿었다. 급변하는 시대적 흐름 속에서 현대인의 삶은 매우 복잡하고 정신없이 돌아간다. 이럴 때 삶이 주는 짐을 내려놓아야 인생이라는 여행을 즐길 수 있다.

네 번째, 삶을 더 행복하고 명랑하게 만드는 방법.

헤세에게 행복은 외부가 아닌 마음속에 있는 존재였다. 그는 완전한 행복은 머지않아 먼지처럼 사라져 버릴 부와 명예 같은 것에 있지 않고 소소한 기쁨을 주는 것에 있다고 알려 준다.

다섯 번째, 단 한 번뿐인 삶을 제대로 여행하는 방법.

헤세는 우리에게 진정한 나 자신에게로 가는 길 위에서 다시 한 걸음을 내딛는 법을 알려 준다. 삶이란 내가 나에게 도달하기 위해 내딛는 발걸음이다. 그래서 헤세는 이렇게 말한다.

"인생에 대해 이야기할 때 내가 관심을 두는 것은 오직 발걸음이다."

자기 자신이 되어 가는 인생의 여정에서 중요한 것은 한 걸음 한 걸음 내딛는 발걸음이다. 이때 한곳에 너무 오랫동안 머무르지 않고 새로운 곳을 향해 발걸음을 내딛어야 한다. 그래서 헤세는 마법처럼 멋진 모든 휴식처, 천국, 행복의 섬을 아주 멀리 하라고 말한다. 어느 곳을 향하든 우연한 발걸음이란 없다. 나를 내가 간절히 원하는 곳으로 인도하는 힘은 바로 내 안에 잠들어 있다.

"당시에 나는 흔히들 말하는 대로 '우연'에 의해 특이한 도피처를 찾아냈다. 그러나 그런 우연이란 존재하지 않는다. 무언가를 절실하게 필요로 하는 사람이 자신에게 정말로 필요한 것을 찾아내면 그것은 그에게 주어진 우연이 아니라 그 자신이, 그 자신의 욕구와 필요가 그를 그것으로 인도한 것이다."

《데미안》

　삶은 진정한 자기를 만들어 가는 과정이다. 그리고 삶은 오래되고 익숙한 나를 떠나 다시 자기 안으로 되돌아오는 여행이다. 그러니 너무 많은 짐은 필요 없다. 무거워진 나를 버리고 다시 나에게로 떠나는 여행을 준비하자.

　나는 삶이 주는 무게가 버거울 때마다 헤세의 작품들을 수없이 읽었다. 헤세의 문학에서 중요한 20가지의 키워드를 선정한 후 헤세의 작품 중 꼭 읽어야 할 《데미안》, 《황야의 이리》, 《싯다르타》, 《유리알 유희》에 연결하는 작업을 했다. 이 책은 단순히 헤르만 헤세의 작품 해설에 그치지 않고, 작품 속 주인공들의 다양한 삶의 모습과 현재 우리의 삶을 어떻게 접목할 수 있을지 고민한 결과물이다.
　이 책은 삶의 폭풍우가 휘몰아칠 때마다 쉽게 흔들리지 않는 헤세의 지혜를 배우고, 자신과 삶의 의미를 발견하는 데 커다란 자극제가 될 것이다. 그리고 이 책을 읽은 후에는 헤세의 작품을 꼭 읽어 보길 바란다. 그러면 어떻게 절망, 좌절, 고독, 불안

　　　　　　　　　　나 와 내 삶 의 의 미

에서 벗어나 자신의 운명을 긍정했는지를 각 작품의 주인공들이 말해 줄 것이다. 지금부터 진정한 나를 찾아 떠나는 헤세의 인생 수업에 참여해 보자.

차례

1장

마음에서 솟아나는 대로
자유롭게 살고 싶다

《데미안》에서 찾은 나 자신 ─────────────

2장

내가 겪는 모든 일이
나를 만든다

《황야의 이리》에서 찾은 시련의 가치 ──────────

3장

삶은 자신이
빚어내는 작품이다

《싯다르타》에서 찾은 삶의 중심 ————————

4장

내게 주어진 의무는
행복하게 사는 것뿐이다

《유리알 유희》에서 찾은 긍정 ───────────

마음에서 솟아나는 대로 자유롭게 살고 싶다

《데미안》에서 찾은 나 자신

01

내가 알던 세계를 깨고 나와야
진정한 나를 만날 수 있다

자아

"한 사람 한 사람의 삶은 자기 자신을 향해 가는 길이다."

《데미안》의 머리말에 나오는 문장이다. 우리의 삶은 '자기 자신을 향해 가는 길'이다. 하지만 지금까지 아무도 완전한 모습이 된 적은 없었다. 인간은 신이 아니기에 완전할 수는 없기 때문이다. 다만 완전한 모습이 되려고 노력할 뿐이다. 헤르만 헤세가 《데미안》에서 말했던 자기 자신에게로 이르는 길은 자신의 온전한 모습을 찾아가는 시도이자 과정을 의미한다.

인간은 인생을 살아가면서 다양한 정체성을 지닌다. 정체성이란 인간이 성장하면서 자신이 이 세상에서 어떤 존재인지 깨닫고, 자신의 본질을 아는 것을 의미한다. 자신의 정체성을 깨닫는 것은 중요한 일이다. 특히 청소년기는 자신의 정체성을 확립해야 하는 시기다. 이 시기에는 자신에 대해 많은 갈등과 절망, 혼돈을 경험하며 '나는 누구인가'라고 스스로에게 질문하게 된다. 이렇게 사춘기를 겪으며 부모와의 관계, 친구와의 관계 속에서 자신의 정체성을 어느 정도 형성한다.

하지만 자아 정체성은 한번 획득했다 하더라도 30대, 40대에 들어서면서 다시 허물어질 수 있다. 사춘기 때 겪었던 '나는 누구인가'라는 정체성의 혼란을 나이가 들어 다시 한 번 겪게 된다는 것이다.

헤세의 글과 만난 융 심리학

헤르만 헤세는 1919년 에밀 싱클레어라는 필명으로 대표작 《데미안》을 출간한다. 1919년은 헤세에게 개인적 위기를 극복하는 일종의 자기 치료 시기이자 삶의 새로운 전환점이었다. 헤세의 작품들은 대부분 자전적 소설이다. 따라서 그의 작품을 잘 이해하기 위해서는 그 당시 그가 처한 현실과 상황을 이해할 필요가 있다.

1914년에 제1차 세계 대전이 발발하자 헤세는 스위스 베른 지역에서 독일군 포로를 지원하는 활동에 참여하면서 반전 운동에 나선다. 그 결과 헤세는 조국의 언론으로부터 가혹한 비난을 받으며 매국노, 배신자, 반역자로 낙인찍혔다. 게다가 전쟁이 한창이었던 1916년에 아버지의 죽음, 셋째 아들 마르틴의 중병, 아내의 정신병 악화 등 가족의 불행이 겹치면서 헤세도 심한 우울증과 신경 쇠약에 시달린다.

헤세는 1916년 루체른에서 스위스의 정신과 의사이자 분석 심리학의 창시자인 칼 구스타프 융의 제자인 랑 박사에게 우울증을 치료받는다. 그는 랑에게 치료를 받는 동안 자신의 내면을 이해하고, 어린 시절부터 자신을 괴롭혀 왔던 우울증과 강박증에서 점차 회복된다. 이를 계기로 그는 프로이트의 이론과 융의 분석 심리학을 연구하게 된다. 1917년 9월 7일 헤세는 융과 처음으로 직접 만난다.

《데미안》은 주인공 에밀 싱클레어가 10살 때부터 20살 정도가 될 때까지 10여 년간 겪었던 내적인 변화와 성장을 다루고 있다. 하지만 《데미안》은 단순한 성장 소설이 아닌 헤세의 분석 심리학 연구 결과물이 담긴 것으로, 헤세의 연구 결과로 얻은 최초의 문학적 성과다. 《데미안》은 분석 심리학 연구를 바탕으로 한 헤세의 심리학적 인식의 반영이자 자기 치료의 기록이다. 글을 쓴다는 것은 헤세에게 단순한 창작을 넘어 삶의 의미를 부여하는 행위였다.

칼 구스타프 융은 인간의 정신을 세 개의 대륙으로 나누어 심층적으로 분석하여 새로운 영혼의 지도를 고안했다. 융은 인간의 정신을 '의식', '개인적 무의식', '집단적 무의식'이라는 세 가지 수준으로 구분했다.

먼저 의식이란 자아 그 자신과 외부 세계를 지각하고 인식하는 것을 말한다. 의식의 중심에는 자아, 즉 에고(Ego)가 있다. 자아는 우리가 생각하고, 느끼고, 의식하는 '나'를 의미한다. 개인적 무의식은 개인이 태어난 이후 살아오면서 억압된 충동들과 과거의 기억들로 이루어진 무의식의 층을 말한다.

그런데 융은 살면서 형성되는 개인적 무의식과 달리 이미 태어날 때부터 갖춰져 있는 무의식의 심층을 발견했다. 그는 태곳적부터 전해지는 고대의 신화, 민담, 종교 등을 비교하고 고찰하여 인간에게 있는 보편적인 상징성을 찾아냈다. 이것이 바로 유전적으로 형성되는 집단적 무의식이다.

집단적 무의식의 상징을 '원형(Archetype)'이라고 한다. 융이 특별히 주의를 기울였던 몇 가지 원형 중에 페르소나(Persona), 그림자(Shadow), 아니마(Anima)·아니무스(Animus) 그리고 자기(Self)가 있다. 여기서 자기, 즉 셀프는 의식과 무의식이 하나로 통합된 전체 정신이다.

융에 따르면 인간이 진정한 자기 자신이 되기 위해서는 자아에서 자기를 향해 나아가야 한다. 따라서 헤세가 말한 자신의 온전한 모습을 찾아가는 과정이란 자신의 내면에 있는 또 다른 나를 만나는 과정이라고 말할 수 있다. 온전한 모습은 '자기다움', '나다움'을 의미하고, 온전히 자기 자신으로 살아간다는 것은 '나답게 산다는 것'을 뜻한다.

"인간은 타고난 기질이나 천성을 바꿀 수는 없지만 누구나 한번쯤은 자신의 고유한 삶을 살고 싶어 한다."

<누나 아델레 군데르트에게 보낸 편지>

여기서 고유한 삶은 나를 내 마음대로 다스리고, 나만의 길을 찾는 것이다. 그렇다면 우리는 진정 나답게 살고 있을까? 많은 사람이 나답게 살고는 싶지만 정작 나다움이 무엇을 의미하는지 잘 알지 못한다. 왜 그럴까?

지금 내 모습이 진짜 내 모습일까?

사람들이 나답게 살지 못하는 가장 근본적인 이유는 자아(에고)와 자기(셀프)를 혼동하기 때문이다. 나답게 살아가기 위해 먼저 자아와 자기를 구분해야 한다. 인간은 자아라는 어두운 베일에 싸여 있다. 그리고 그 자아가 '진짜 나'라는 착각 속에 살고 있다. 지금 생각하고, 느끼고 있는 나를 진정한 나라고 생각한다. 하지만 그것은 진짜 내 모습이 아니다.

사람들은 왜 진정한 나를 발견하지 못하고 살까? 왜 자기 자신으로 살기가 그토록 어려울까? 그 이유는 자신이 아닌 다른 무엇이 되려고 하기 때문이다. 인간의 정체성은 주로 외부에서 요구하는 모습에 맞춰 결정된다. 우리는 부모, 배우자, 자식, 학생, 직장인 등 여러 가지 역할을 맡아 왔다. 자신이 원하는 나로 살아온 것이 아니라 사회에서 부여한 모습대로 살아온 것이다.

이처럼 자기 본연의 모습이 무엇인지 생각해 볼 겨를도 없이 무작정 쫓기듯 살다 보면 가끔 불안감을 느끼곤 한다. 그렇다면 어떻게 해야 온전한 자기 자신으로 살아갈 수 있을까?

첫째, 거짓된 자아를 극복하라.

"얼굴에서 가면이 벗겨지고 꿈이 무너질 때마다 끔찍한 공허감과 정적, 무서운 위축, 곁에 아무도 없는 듯한 외로움, 텅 빈 황량함, 절망감이 몰려올 수 있다. 하지만 살면서 그런 고통을 겪을 때마다 나는 무엇인가를 얻었다."

〈언제나 새롭게〉

거짓된 자아를 죽이고 나서야 진정한 자기와 만날 수 있다. 여기서 거짓된 자아란 진정한 자기를 찾지 못한 채 타인의 욕망에 걸맞은 모습으로 살아가는 자아를 말한다.

"그대는 자기 자신으로 살기 위해 존재한다."

《차라투스트라의 귀환》

　타인이 되는 것, 타인의 목소리를 모방하고 그들의 얼굴을 자기의 얼굴로 여기는 것을 그만둬야 한다. 이러한 거짓된 자아를 극복할 때 충만한 삶을 얻게 된다.

　그런데 왜 '거짓된 자아'로 살면 안 되는 걸까? 사회적 지위나 돈, 타인의 인정 같은 외적인 조건에 따라 거짓된 자아로 살다 보면 언젠가 그것을 잃을지도 모른다는 두려움에 빠지기 때문이다. 특히 타인과 비교하는 삶은 스스로 콤플렉스에 갇히고 성장을 멈추게 한다.

　또한 더 많은 것을 원하는 탐욕에 사로잡히면 밑 빠진 독에 물 붓기처럼 만족할 줄 모르게 된다. 이는 결국 잘못된 행동으로 이어진다. 더 나은 인간이 되려고 아등바등 살면 살수록 오히려 고통과 후회로 가득 찬 삶을 살게 된다.

　이제 과거의 정체성에서 벗어나야 할 때다. 다른 사람이 원하는 모습이 아닌 자신이 원하는 모습으로 살아가야 한다. 충분한 용기를 갖고 진짜 내 모습을 찾는다면 그 과정이 외롭고 고통스러울지라도 진정한 삶을 되찾을 수 있다.

　둘째, 너 자신이 돼라.

헤세는 온전한 모습으로 존재하기 위해서는 '너 자신이 되어라'는 계율 말고는 계발하고 성취해야 할 다른 길이 없다고 말한다. 너 자신이 되라는 헤세의 말은 '진짜 나'를 발견하라는 의미다. 하지만 온전한 자기 자신이 되고 싶다고 해서 진짜 자신이 되는 것은 아니다.

"진짜 자기 자신이 되기 위해서는 해야 하는 일과 해서는 안 되는 일이 있다."

<1953년에 쓴 편지>

헤세의 말처럼 해야 할 일과 하지 말아야 할 일을 구분해야 한다. 우리는 자신의 개성에서 가장 좋은 부분과 가장 강한 부분을 인정해야 한다. 그리고 결코 그것을 부정하거나 깎아내려서는 안 된다. 나답게 살기 위해서는 더 좋은 사람이 되려는 욕망보다 이미 자신 안에 존재하는 가장 좋은 것들을 발견하는 것이 중요하다. 나다움이란 또 다른 거대한 나를 발견하는 작업이다. 나다움이란 자기 안에 무의식에로의 전환이다. 의식 상태의 근본적인 변화가 일어나지 않는다면 자아를 자신으로 믿을 수밖에 없다.

이제 지나온 삶 속에서 정말로 사랑에 빠졌던 날들, 내 영혼이 따뜻했던 날들, 가장 소중했던 날들을 떠올려 보자.

　　　　　　　　　　　나 와 내 삶 의 의 미

"내가 진정으로 사랑하는 것이 무엇인가?"

내가 진정으로 원하고, 사랑하는 것을 알면 어두운 베일에 싸여 있던 자기 자신을 발견하게 될 것이다. 삶을 온전히 나의 것으로 만드는 유일한 방법은 이미 내 안에 존재하는 가장 좋은 것들을 사랑하는 것이다.

셋째, 내 삶의 의미는 나만의 유일한 잣대로 측정하라.

인간은 각자 물려받은 재능과 소명에 충실한 사람이 되어야 한다. 헤세는 자신의 삶을 배신하지 않고 온전히 살아 내고 싶다면 자신에게 주어진 소명에 따라 살아가려고 노력해야 한다고 말했다. 내가 부여받은 장단점, 편안함과 고난, 재능과 부족함, 이 모든 것을 합친 것이 '나'이고 한 번뿐인 지금의 삶이라는 것이다. 그런데 지금 우리의 삶은 어떤가?

많은 사람이 삶의 의미를 주어진 소명에서 찾지 못하고 오직 외부에서 구하려고 한다. 타인을 맹목적으로 모방하거나 타인의 의견에 좌우되는 삶은 결국 원치 않는 상황을 만들어 낸다. 자신과 완전히 다른 존재나 도저히 도달할 수 없는 존재를 욕망하고 있다면 이는 자신의 삶을 좀먹는 일이다. 나와 내 삶의 의미가 타인의 눈에 비친 모습으로 결정된다면 얼마나 불행한가? 내가 나아갈 방향과 목표는 이제 내가 정한다.

헤세는 자신이 인생에서 이룬 일은 세상의 의미와 기준 같은 고정된 잣대로 측정되지 않고, 자기만의 유일한 잣대로 측정해야 한다고 말한다. 내 삶의 의미를 해석할 수 있는 사람은 오로지 자기 자신뿐이다.

"내 속에서 솟아 나오려는 것, 바로 그것을 나는 살아 보려고 했다. 그런데 그것이 왜 그토록 어려웠을까?"

《데미안》

헤세는 자신의 마음속에서 솟아 나오는 대로 살아 보고 싶었다. '내 속에서 솟아 나오려는 것'은 바로 내 안에 있는 또 다른 나일 것이다.

인생을 살다 보면 여러 가지 힘든 사건이 일어난다. 결혼 실패로 인한 상처, 부도난 사업, 감당할 수 없는 빚더미, 질병과 건강 악화, 가족의 냉대, 인간관계에서 오는 소외감, 출세 욕구의 좌절 등은 정체성을 혼란하게 만든다. 갑작스러운 정체성의 혼란은 무기력감, 절망감, 공허함을 느끼게 하고 삶을 위기에 빠뜨린다. 자신이 온전한 모습으로 살아간다는 것은 말처럼 쉽지만은 않다. 하지만 내 삶을 확고부동하게 받쳐 주던 것들이 흔들릴 때가 오히려 진정한 나다움을 발견할 수 있는 시간이다.

나와 내 삶의 의미

인생에서 끊임없이 일어나는 시련과 고통을 통해 내 시선은 점점 외부가 아닌 내면으로 향하게 된다. 삶은 자기 무의식의 세계를 깨달아 가는 과정이다. 오직 각성할 준비가 된 사람만이 고통스러운 삶과 결별할 수 있다. 지금까지 자신에게 절망스러운 삶을 안겨 주었던 주위 환경, 주어진 역할, 탐욕 같은 부정적인 욕망으로부터 멀어질 수 있다. 내 안에 잠든 잠재적 가치를 판단할 수 있는 존재는 오직 나 자신뿐이다.

내 삶은 아직 완성된 것이 아니므로 무한한 가능성이 열려 있다. 나의 내면에 존재하는 무한한 잠재력을 인식하고 그 힘을 받아들일 때 삶이 풍요로워질 것이다. 중요한 것은 어느 곳에 도착하는지가 아니라 어디를 향해 나아가고 있는지다. 자기 자신으로 존재하고 싶다면 가고자 하는 방향으로 첫걸음을 내디뎌야 한다. 온전한 모습을 찾는 여정은 오직 방향만이 의미를 지닌다. 우리 안에 이미 열려 있는 내면의 문을 발견하라.

"중요한 것은 벽을 없애는 것이 아니라 문을 찾는 것이다."

〈친구들〉

02

나의 가장 어두운 면을
끌어안아라

그림자

《데미안》의 주인공 '싱클레어'는 조그만 도시의 라틴어 학교에 다니던 아득한 어린 시절을 회상하면서 이야기를 시작한다. 당시 그는 10살이었다. 그 당시 싱클레어는 이 세계가 두 개로 나뉘어 있다고 생각했다. 하나의 세계는 밝은 세계이자 아버지의 세계로, 그 세계에는 의무와 책임, 양심의 가책과 고해, 용서와 선한 원칙들, 사랑과 존경, 성경 말씀과 지혜가 있었다.

반면에 또 하나는 어두운 세계로, 소란스럽고 음침하며 폭력적인 것이 존재한다. 이 세계는 도살장과 감옥, 술주정꾼과 악쓰는 여자들, 새끼를 낳는 암소와 쓰러진 말들, 강도의 침입, 살인, 자살 같은 일들이 있었다.

그런데 두 세계는 매우 가까이 맞닿아 있었다. 그렇다면 싱클레어가 말한 두 개의 세계는 무엇을 의미할까? 《데미안》에서 두 세계는 의식과 무의식이라는 인간의 정신세계를 상징한다. 밝은 세계는 의식의 세계를, 어두운 세계는 무의식의 세계를 상징한다. 이 두 세계는 대극을 이루고 있다.

융은 《원형과 무의식》에서 대극이란 어떤 상태의 극단적인 성질이라고 말한다. 예를 들어 대극은 따뜻함과 차가움, 밝음과 어둠, 남과 북, 건조함과 습함, 선과 악, 그리고 의식과 무의식 등을 생각할 수 있다. 헤세는 자신이 겪었던 이러한 정신적 세계의 대극을 어떻게 조화롭게 통합할 수 있는지를 고민했고, 이를 《데미안》에 담았다.

그림자는 무엇으로 나타나는가?

싱클레어는 공립 학교 학생들과 가깝게 지내고 있었다. 그러던 어느 날 '프란츠 크로머'라는 학생과 어울리게 된다. 그는 술주정뱅이 재단사의 아들로 힘도 세고 거친 13살쯤 된 아이였다. 싱클레어는 크로머와 같이 있으면 가슴이 답답하고 불안했다. 싱클레어게 크로머는 무서운 존재였다.

싱클레어는 그의 노여움을 사게 될까 봐 두려운 나머지 황당무계한 도둑 이야기를 꾸며 냈다. 자신이 과수원에서 사과가 가득 든 자루를 통채로 훔쳤다고 거짓말하고 맹세까지 한다. 크로머는 과수원 주인에게 이 사실을 알리겠다고 협박하며 돈을 가져오라고 요구한다. 그러자 싱클레어는 자신의 저금통을 깨뜨려 크로머에게 돈을 가져다준다.

이제 그의 손아귀에 잡힌 싱클레어는 자신의 유년 생활을 떠받치고 있었던 밝은 세계에서 떨어져 나가고 어둡고 낯선 바깥 세계에 붙잡혀 쓰디쓴 죽음의 맛을 보았다. 그 후 싱클레어는 크로머에게 계속 괴롭힘을 당하며 두려움 속에서 하루하루를 보낸다. 어느 날 싱클레어는 악몽을 꾸는데, 싱클레의 꿈속에서 크로머가 그림자처럼 함께 살고 있었다.

이처럼 헤세는 융 심리학의 '그림자'라는 개념을 크로머로 의인화하고 있다. 크로머는 싱클레어라는 자아의 그림자다. 그러면 융 분석심리학의 그림자에 대해 좀 더 자세히 살펴보자.

융 심리학에서 그림자는 자아의 어두운 측면을 의미한다. 그림자는 베일에 가려져 있고, 자아에 의해 억압된 성격과 죄의식을 담고 있다. 융은 '그림자는 원래 개인적 무의식의 내용이지만 때때로 집단적 무의식의 내용'이라고 말한다. 그림자는 의식에서 가장 가까운 곳의 무의식이다. 그래서 무의식의 의식화 과정, 즉 개성화 과정에서 제일 먼저 만난다.

융은 그림자와의 대면을 이렇게 설명한다. 그림자는 자아가

나와 내 삶의 의미

가장 싫어하는 열등한 인격이기 때문에 자신의 그림자를 만나는 것은 불쾌한 일이며, 많은 사람을 겁먹게 만들기에 충분하다고 말한다. 그래서 융은 《원형과 무의식》에서 그림자와의 만남은 내면으로 향하는 길에서의 첫 번째 담력 시험이라고 이야기한다.

물의 거울을 들여다본 사람은 먼저 자기 자신의 모습을 본다. 여기서 물은 무의식을 의미한다. 페르소나로 가려져 있었던 자신의 얼굴을 충실하게 내보인다. 즉 무의식의 거울은 가면 뒤에 있는 우리의 진정한 얼굴을 낱낱이 보여 준다.

하지만 자아는 자신의 그림자가 어떻게 생겼는지 모른다. 그림자는 타인에게서는 아주 쉽게 발견하지만 자신에게는 있는 줄도 모르던 성질이나 충동이기 때문에 쉽게 알아차리지 못한다. 그림자는 보통 이기심, 정신적 나태, 부주의나 비겁함, 정도를 넘는 소유욕, 비현실적인 공상, 음모, 책략 등이다.

융의 수제자 마리 루이제 폰 프란츠는 《인간과 상징》에서 그림자가 나타날 수 있는 경우를 네 가지로 정리했다.

첫 번째, 친구가 자신의 결점을 지적할 때 마음속에서 억누를 수 없는 분노를 경험하는 경우다.

친구의 지적이 생각해 본 적 없었던 내면의 상처를 건드려 분노가 느껴지는 것이다. 다시 말해 타인이 나의 결점을 비난하는 그 순간 이때까지 전혀 의식해 본 적이 없는 그림자의 일부를 만날 가능성이 크다.

　두 번째, 충동적인 행위나 무심코 저지르는 부주의한 행동을 통해서 그림자가 나타나는 경우다.

　자동차를 운전하면서 엉겁결에 입에서 욕이 툭 튀어나올 때, 엉뚱한 결정을 내리는 바람에 전혀 의도하지 않았던 결과를 만날 때 바로 그림자가 나타난다.

　또한 그림자는 집단적인 감염에 훨씬 허약한데, 자기의 그림자나 타인의 그림자에 다리가 걸려 넘어지는 경우가 있다. 예를 들면 혼자서는 그러지 않다가도, 여러 사람이 하고 있는 옳지 않은 일에 동참하고 싶어질 때다. 그 집단에 합류하지 못하면 바보가 될 것만 같아 일시적 충동에 몸을 맡겨 버리는 것이다. 《데미안》에서 싱클레어가 사과를 훔쳤다는 거짓말을 꾸며 냈던 것도 바로 이런 이유에서다. 싱클레어는 공립 학교 학생들이 온갖 종류의 나쁜 짓거리를 자랑삼아 떠버릴 때 그들의 노여움을 사게 될까 두려워 거짓말을 한 것이다.

　세 번째, 꿈에서 그림자가 자신과 동성인 인물로 나타나는 경우다.

　《데미안》에서 싱클레어는 크로머가 자신을 학대하는 꿈, 자신에게 침을 뱉고 올라타 무릎으로 짓누르는 꿈을 자주 꿨다. 싱클레어는 꿈속에서조차 전적으로 크로머의 노예였고, 이 그림자로 인해 힘과 활기를 잃어버렸다. 이러한 무의식의 표현인 꿈을 분석하는 일은 일반인에게 쉽지 않다.

네 번째, 자신의 내면에 있는 그림자를 다른 사람에게 투사하는 경우다.

투사는 자신이 용납할 수 없는 생각이나 태도, 감정 등의 원인을 다른 사람이나 대상에게 돌리는 것을 의미한다. 예를 들어 다른 사람에게 이유를 알 수 없는 불편한 감정이나 혐오감, 경멸감 등이 느껴지는 경우에 무의식적으로 투사가 일어난다. 타인을 비난하기는 쉽지만 투사를 통해 자기가 가장 싫어하는 부분이 자신의 그림자라고 인정하기는 쉽지 않다.

그런데 다행스럽게도 폰 프란츠는 이성으로도 제어할 수 없는 엄청난 에너지를 소유한 그림자를 제어하는 데 도움받을 때가 있다고 말한다. 바로 우리 내부에 존재하는 '위대한 자', 즉 '자기'의 도움을 받을 수 있을 때다.

어느 날 라틴어 학교에 '막스 데미안'이라는 전학생이 들어왔다. 데미안은 자기를 의인화한 것이다. 데미안은 크로머에게 시달리던 싱클레어에게 그 누구도 두려워할 필요가 없다고 위로해 준다. 그림자를 두려워한다면 그림자에게 자신을 지배할 힘을 내주게 된다는 뜻이다. 싱클레어는 데미안의 도움으로 크로머의 괴롭힘으로부터 벗어난다.

하지만 데미안은 크로머와는 다른 의미에서 악하고 나쁜 세계로 이끄는 또 하나의 유혹자가 된다. 그는 싱클레어가 진실이고 옳다고 배웠던 대부분에 대해 다르게 해석할 수 있다고 말한다. 예를 들면 구약 성경에 나오는 카인 이야기에서 아벨보다 아벨을 죽인 카인이 용기와 개성이 있는 인물이라고 이야기한다. 또한 골고다 언덕에서 예수와 함께 십자가에 매달렸던 두 도둑 가운데 회개하지 않은 그 도둑이 더 개성 있고 신뢰할 수 있다고 말한다. 데미안은 신을 위한 예배와 더불어 악마를 위한 예배도 만들어야 한다고 가르친다.

싱클레어는 크로머와 데미안을 통해 처음으로 밝은 세계에서 떨어져 나와 어둠의 세계에 발을 들여놓았다. 이제 싱클레어는 밝은 세계와 어두운 세계 사이에서 삶의 모든 문제를 고민하기 시작한다. 싱클레어는 내적 성장을 위한 여정의 첫발을 내딛는 것이다.

가장 불쾌한 내 모습을 받아들이는 자세

폰 프란츠는 《인간과 상징》에서 다음과 같이 말한다.

"우리가 보는 사물은 우리 안에 있는 것과 같다. 우리 마음속의 현실과 다른 현실은 존재하지 않는다. 그러므로 자기 바깥에 있는 영상을 현실로 여기고 자기 마음속 세계에 좀처럼 말을 걸지 않는 대다수 사람의 삶은 비현실적이다. 그래야 사람들은 행복하게 살아갈 수 있다. 그러나 다른 것을 아는 이들은 더 이상 대다수 사람이 가는 길을 선택하지 않는다."

"그림자를 적대하느냐, 친구로 대하느냐는 전적으로 우리 자신에게 달려 있다."

자신의 그림자를 마주하는 것은 불쾌한 일이다. 하지만 그림자라고 해서 반드시 적대 관계는 아니다. 인간의 그림자가 모든 악의 원천이기도 하지만 반대로 그림자에 긍정적인 특성도 있다. 융은 그림자에서 인간의 어두운 본성 외에 창조적 특성을 발견했다. 사람들이 내면에 깃들어 있는 그림자의 힘에 귀를 기울인다면 오히려 자신의 삶을 창조적인 삶으로 이끌 수 있다. 그림자의 부정적 측면을 억제하는 방법은 다음과 같다.

첫째, 그림자와 더불어 사는 법을 배워야 한다.
그림자는 그 형태가 좋든 싫든 함께 가야 하는 동행인과 같다. 융은 사람들이 그림자를 무시할 수도, 해롭지 않다고 꾸밀 수도 없다고 말한다. 만약 그림자를 무시하거나 오해할 때 그림자는 적대적인 힘이 되어 자신의 절망감과 무능력을 더 크게 상기시킬 것이다.

둘째, 그림자를 끌어안아야 한다.
자신의 그림자가 어떠한 상황에서 작용하는지를 알아차려야 한다. 예를 들어 분노의 형태를 한 그림자가 폭발하기 전에 억

　　　　　　　　나와 내 삶의 의미

눌려 있던 분노를 인정한다면 분노가 막무가내로 표출되지는 않는다. 제임스 홀리스는 《내가 누군지도 모른 채 마흔이 되었다》에서 이렇게 말한다.

"그림자는 억압된 삶일 뿐 악할 걸로 봐서 안 된다."

그림자의 풍부한 잠재력을 이용하려면 우리는 그림자를 의식으로 끌어올려야만 한다. 그림자를 인식하고 끌어안아야 한다. 어차피 자기 안에서 그림자와 평생 함께해야 한다면 때로는 져주는 척하면서, 때로는 저항하면서, 때로는 다독거리면서 다스려야 한다.

"오로지, 소망이 내 자신의 마음속에 온전히 들어 있을 때 정말로 내 본질이 완전히 그것으로 채워져 있을 때뿐이야. 그런 경우가 되기만 하면, 내면으로부터 너에게 명령되는 무엇인가를 네가 해 보기만 하면, 그럴 때는 좋은 말에 마구를 매듯 네 온 의지를 팽팽히 펼 수 있어."

《데미안》

인간은 자신이 누구인지를 알기 위해서 자기를 알아야 한다. 융은 《원형과 무의식》에서 "자기 자신과의 만남은 우선 자신의 그림자와의 만남을 뜻한다"라고 말한다. 융은 그림자를 좁은 문과 좁은 길에 비유한다. 깊은 우물로 내려가려는 사람은 그 고통스러운 협소함을 감내해야 하듯이 그림자는 고통스러운 삶을 통해서만 만날 수 있기 때문이다.

"삶이 힘겨울 때 비로소 사람의 본성이 드러난다."

〈내면의 부유함〉

삶을 익숙하게 뒷받침해 주던 것들이 사라지거나 파괴되었을 때 커다란 고통 속에서 맛볼 수도 없고 만질 수도 없는 것들이 비로소 진가를 발휘한다. 삶이 궁핍하고 고통스러운 시기일 때 진정한 자기 자신이 누구인지를 그림자가 귀띔해 줄 것이다.

두려움을 이겨 내려면
삶을 사랑으로 채워야 한다

사랑

헤르만 헤세는 1877년 7월 2일에 독일 남부 소도시 칼프에서 태어났다. 헤세의 부모는 칼프에서 만났다. 그의 아버지 요하네스 헤세는 선교사였다. 그는 선교 학교의 교사, 선교 잡지 편집인, 출판 협회장으로 일했다. 헤세의 어머니 마리 군데르트는 인도에서 태어났다. 헤세의 외할아버지가 인정받는 산스크리트어 학자로 다년간 인도에서 선교사로 활동할 때 마리 군데르트가 태어났다.

헤세는 자서전적 글에서 자신은 부모로부터 두 가지 기질을 물려받았다고 고백한다. 절대적인 것에 대한 갈망과 아울러 회의적이고 비판적인 이성적인 성향은 아버지로부터 물려받았고,

열정적인 기질, 상상력과 음악적 재능 같은 감성적인 면은 어머니로부터 물려받았다는 것이다. 그래서 헤세는 내면에서 항상 이성과 감성이라는 양가감정이 대립했다. 헤세는 이러한 성향 때문에 청소년기부터 중년에 이르기까지 고통 속에 살았다.

유년 시절이 끝나고 싱클레어는 처음으로 집을 떠나 다른 도시로 가게 된다. 김나지움의 교사가 운영하는 소년 기숙사에서 생활하게 된 것이다. 데미안은 여행을 떠났고 이제 싱클레어는 혼자가 됐다. 늘 감정이 풍부한 아이였던 싱클레어에게서 더 이상 소년의 사랑스러운 모습은 느껴지지 않았다.

지금 그는 완전히 달라졌다. 사람들에게 사랑받을 수 없다고 느꼈고, 자신도 결코 사랑하지 않았다. 싱클레어는 공허함과 고립감이 쉽사리 사라지지 않았고, 고독 속으로 칩거했다. 그리고 가끔 데미안이 그리웠다.

이 시기에 싱클레어는 기숙사에서 가장 나이가 많은 알폰스 벡과 어울리며 처음으로 술에 취한다. 그 후 싱클레어는 술집에 자주 드나들었고 술에 취하면 행패를 부리기도 했다. 그는 참담한 기분에 빠져 자신을 파괴하며 방탕한 생활을 했다.

그런데 싱클레어는 왜 마음속 깊은 곳에 두려움이 가득 찼을까? 왜 절망과 불안을 느끼며 어두운 세계에 빠져들었을까? 그는 무엇이 그리도 두려웠을까?

나와 내 삶의 의미

나는 무엇을 두려워했을까?

　사람은 살면서 수많은 것에 두려움을 느낀다. 나 역시 예전에 죽을 것만 같은 힘든 상황이 닥칠 때마다 늘 두려움에 떨었다. 두려움은 내 삶의 일부였다. 사람들이 느끼는 두려움은 대부분 일어날 가능성이 거의 없는 사소한 것들에 대한 두려움이다.

　하지만 사소한 불안감이 제어할 수 없을 정도로 커져 겁에 질린다면 이것은 가벼운 불안감을 넘어 온몸을 떨게 만드는 공포가 된다. 그래서 헤세는 두려움이 없는 삶은 생각만 해도 환상적이라고 말했다.

　두려움은 인간의 삶에서 다양한 방식으로 드러난다. 예를 들어 몸이 너무나 아플 때, 홀로 남겨져 외로움에 잠 못 이룰 때, 추위와 가난에 허덕일 때, 투자 실패로 빚더미에 앉아 있을 때, 정신적 고통으로 광기에 휩싸일 때, 타인의 평가 대상에 놓일 때, 불치병에 걸려 죽음을 앞두고 있을 때 등. 이렇게 두려움이 찾아오면 마치 악몽을 꿀 때처럼 가슴이 두근거리고 머리가 지끈거리며 온몸이 벌벌 떨린다.

　"무엇이 우리를 두렵게 만드는가?"
　"두려움이란 실제로 존재할까?"

"어떻게 해야 두려움에 벗어날 수 있을까?"

"두려움을 어떻게 대해야 할까?"

두려움에서 벗어나려면 자신이 삶을 얼마나 두려워하는지를 인식해야 한다. 우리는 자신의 내면 깊은 곳으로 파고든 억압된 두려움이 일상생활 속에서 얼마나 영향을 미치고 있는지 모른다. 헤세는 두려움의 실체를 깨달은 사람만이 두려움을 극복할 수 있고, 인간은 수많은 것을 두려워하지만 그 모든 것은 가면이자 위장에 불과하다고 이야기한다.

"실제로 인간이 두려워하는 대상은 오직 한 가지뿐이다."

헤세는 단언했다. 바로 '몸을 내던지는 것'이 우리를 두려워하게 만든다는 것이다. 다시 말해 안전했던 모든 것을 뿌리치고 훌쩍 몸을 던지는 것, 미지의 세계로 뛰어드는 순간에 인간은 두려움을 느끼게 된다.

실존주의 철학자 장 폴 사르트르는 인간은 죽을 때까지 미래를 향해 쉬지 않고 자기 자신을 내던지는 존재, 즉 '기투'하는 존재라고 말한다. 인간은 자신을 넘어서려는 목표를 추구함으로써 자기 자신을 창조해 나간다. 하지만 목표는 언제나 두려움을 낳는다. 내일이면 모든 게 달라질지 모른다는 사실 때문에 두려

나 와 내 삶 의 의 미

운 것이다. 두려움은 아직 살아 보지 못한 불확실한 삶에 대한 감정이다.

싱클레어는 교사 위원회로부터 퇴학 처분을 당할 거라는 경고를 받았다. 그는 자신이 어떻게 되든 상관없다고 생각했다. 그는 술집에 죽치고 앉아 곱지 않은 시선으로 세상과 싸움을 벌이며 염세주의자가 되어 있었다.

싱클레어는 세상이 자신을 망가뜨렸고, 만약 세상이 자기 같은 사람을 필요로 하지 않는다면 손해 보는 쪽은 세상이라고 생각했다. 그것은 싱클레어 나름대로 삶에 저항하는 방식이었다. 싱클레어는 그 어떤 것에도 매달리지 않는 삶, 그런 연연하지 않는 삶을 통해 고통과 두려움에서 해방되려고 했다.

두려움, 삶의 의미를 깨닫게 하는 힘

어느 봄날 혼자 공원을 산책하던 싱클레어는 우연히 한 소녀를 만난다. 그녀는 키가 크고 날씬했으며 옷차림이 우아한 데다 영리한 소년의 얼굴이었다. 싱클레어는 첫눈에 그녀가 마음에 들었다. 그는 그녀에게 '베아트리체'라는 이름을 붙여 줬다. 싱클레어는 그녀와 단 한마디의 말도 나눈 적이 없었지만 그녀의 모습을 눈앞에서 보는 것만으로도 싱클레어에게 미친 영향은 강력했다.

그는 술집을 출입하거나 밤에 배회하는 버릇을 그만두고 독서와 산책을 즐겼다. 그는 다시 혼자 있을 수 있게 된 것이다. 싱클레어는 사랑하고 숭배할 하나의 이상을 갖게 되자 어둠과 악을 떨치고 다시 밝은 빛 속에 머물 수 있게 됐다. 드디어 싱클레어는 폐허같이 무너져 내린 삶의 한 시기를 딛고 혼자만의 힘으로 밝은 세계를 재건하게 된 것이다. 지금까지 냉소적이었던 그는 쾌락이 아닌 아름다움과 정신성을 추구하는 성자가 되려는 목표를 갖게 됐다.

베아트리체는 어떻게 싱클레어의 삶을 송두리째 변화시킬 수 있었을까? 융의 분석 심리학에서 '아니마'는 남성 안에 있는 여성성이다. 베아트리체는 싱클레어의 아니마가 의인화된 인물이다. 아니마는 남성 안에 있는 기분, 영감, 감수성, 사랑 같은 심리 경향을 말한다. 그래서 아니마가 무의식 안에 억압된 경우, 흔히 우울하고 안정적이지 못한 성격의 소유자가 되거나 권태감과 무기력에 빠진다. 이러한 부정적 아니마 때문에 세상을 고통스러운 곳으로 보는 염세주의자가 된다.

반면에 자신 안에 아니마를 흔들어 깨운다면 다시 삶을 향한 열망으로 가득 채울 수 있다. 아니마는 삶을 지탱하는 영혼이며 에로스, 즉 사랑이기 때문에 불안하고 권태로운 삶에서 벗어날 수 있도록 생명력과 활력을 주는 추동력이 된다.

삶을 사랑으로 가득 채울 때 미지의 세계에 대한 두려움은 사라진다. 싱클레어가 갑자기 베아트리체에게 사랑을 느끼고, 자기 안에서 무언가 약동하는 강력한 힘을 느낀 것은 자기 자신 안에서 아니마를 발견했기 때문이다.

"우리의 영혼이 스스로를 자각하고, 살아있음을 느끼게 만드는 모든 동력은 바로 사랑이다. 따라서 많이 사랑할 수 있는 사람은 행복하다."

<마르틴의 일기>

진정한 자기 자신에게로 가는 길은 수없이 많다. 우리는 수많은 갈림길에서 두려움에 휩싸여 언제나 상처를 입을 수 있는 상태에 놓인다. 두려움은 '자기 자신'에 대한 두려움이다. 두려움은 자기 자신을 잘 모르기 때문에 찾아온다. 따라서 인생 최대의 적은 바로 자기 자신이다.

하지만 자신의 내면 안에 있는 두려움을 파고 들어가야 한다. 비록 삶이 고통스러울지라도 직접 맛보고, 냄새 맡고, 보고, 느끼고, 이해하면서 삶이 무엇인지 깨달아야 한다. 다시 말해 매 순간 제대로 된 삶을 산 사람에게는 후회도 두려움도 없다.

두려움 없는 인생이 있다면 얼마나 축복일까? 하지만 일상에서 느끼는 사소한 두려움이, 극심한 공포를 조장하는 두려움이 우리 마음속에 항상 맴돌고 있다. 두려움에서 해방되길 원한다면 어떻게 해야 할까?

첫째, 두려움을 유발하는 것으로부터 자신을 단절시켜라.

먼저 두려움을 떨쳐 버려야 한다. 마음속에서 들려오는 자기 자신을 향한 비난과 부정적인 메시지를 모두 차단해야 한다. 두려움을 없애는 가장 좋은 방법은 내가 진정으로 원하는 일이나 내가 정말 잘 해낼 수 있는 일에 몰두하는 것이다.

헤세는 젊은 시절 여행을 무척 좋아했다. 그는 방랑자이자 여행광이었다. 1901년 처음 이탈리아 여행을 시작으로 50세까지 유럽과 아시아를 다니면서 사색하고 글을 썼다. 그는 여행 도중 낯선 나라에서 이국적인 체험을 통해 무엇보다 자신의 내면을 발견했고, 그러면서 두려움을 견뎌 낼 수 있었다고 말했다. 헤세는 여행하기, 독서, 글쓰기, 그림 그리기같이 자신이 좋아하고 잘하는 것을 하면서 힘겨운 삶을 헤쳐 나갔다.

둘째, 두려움을 진실한 마음으로 대면하라.

우리는 두려움을 완벽하게 없애거나 두려움에서 완전히 달아날 수 없다. 상황이 계속 불리하게 돌아가고 실망스러운 결과가 반복될 때마다 두려움은 계속해서 찾아오기 때문이다. 이때

나와 내 삶의 의미

는 두려움에서 벗어나려 애쓰기보다는 두려움과 마주하는 법을
배워야 한다. 오히려 두려움을 직면하고 그 안으로 들어가 직접
대면해야 한다. 두려움이 머무를 공간을 마련해 주고, 내 안에
두려움에게 괜찮다고 말해라. 두려울 때 겁에 질려 도망칠 필요
가 없다.

중요한 것은 두려움 자체가 아니라 두려움을 바라보는 태도
에 있다. 두려움을 진실한 마음으로 바라봐야 한다. 우리 무의
식에는 어린 시절에 아픔과 상처를 치유 하지 못한 '내면 아이'가
살고 있다. 지금 불안하고 두렵다면 마음속 내면 아이를 돌보지
않아 생긴 것이다.

우리는 두려움에 떨고 있는 내면 아이를 따뜻하게 안아 주고
위로해 줘야 한다. 산책하기, 음악 듣기, 책 읽기, 요리하기, 정
원 꾸미기 등으로 나와 내면 아이를 위한 시간을 가져 보자. 누
구나 누릴 수 있는 익숙하고 하찮게 보이는 것들이 삶의 기쁨과
의욕으로 보답한다.

셋째, 자기 자신을 온전히 사랑하라.

자기 자신을 더 많이 사랑할수록 두려움과 걱정을 없앨 수 있
다. 두려움의 반대편에 사랑이 있다. 지금 두려움이 크다면 사
랑이 부족한 건 아닌지 생각해 봐야 한다. 마치 세상의 모든 고
통이 나에게로만 오는 것 같아 아프고 괴롭다면 더 사랑할 때

다. 헤세는 이렇게 말했다.

"너는 도망쳐서는 안 된다. 탓해서도 안 된다. 두려워해서도 안 된다. 너는 사랑하지 않으면 안 된다. 너는 모든 것을 스스로 알고 있다. 마음속으로는 충분히 안다. 세상에는 단 하나의 마술, 단 하나의 힘, 단 하나의 행복이 있을 뿐이고, 그것은 사랑이라고 불리는 것이라는 사실을."

<관찰, 일기에서>

두려움은 자기 자신을 사랑하기 위한 배움의 과정이다. 헤세는 사랑을 통해서만 행복을 얻을 수 있다는 사실이 모든 지혜의 원천이라고 말한다. 그래서 "네 이웃을 사랑하라!"라는 가르침보다 "너 자신을 네 이웃처럼 사랑하라!"라는 말이 훨씬 더 맞다고 한다. 스스로 괴롭히기를 멈추고 나서야 비로소 자기 사랑이 시작된다.

삶이 선사하는 기쁨의 감정과 진정한 가치는 오직 고통스러운 삶의 과정을 통해서만 체험할 수 있다. 불확실한 미래를 두려워하고, 실패할까 봐 두려워하며, 아픔과 상처로 새롭게 시도하기가 두렵다면 일단 아무 생각 말고 시작하라. 그러면 두려움이 곧 사라진다. 내 삶에서 가장 두려운 존재가 가장 큰 깨달음

나와 내 삶의 의미

의 원천이 된다는 사실을 잊지 마라.

헤세는 자기 자신을 송두리째 내던진 경험이 있는 사람, 자신의 운명을 철저하게 믿은 사람만이 두려움으로부터 해방될 수 있다고 말한다. "어떻게 하면 나의 두려움을 떨쳐버릴 수 있을까?"보다 "어떻게 하면 나의 삶을 더 사랑할 수 있을까?"를 스스로에게 물어야 한다. 두려움이 클 때는 나를 더 사랑으로 다독여라. 마치 어둠을 없애려면 빛을 비추면 되듯이 말이다. 삶의 하루하루를 온전히 만끽할 때 자기 자신을 찾아가는 떠나는 모험을 즐길 수 있다. 이 삶을 더욱 강렬하게 사랑하라.

04

마음 깊은 곳에 나를 위한
정원을 가꿔라

내면의 부

"당신은 정말 행복한가?"

인생을 살다 보면 유독 행복한 순간으로 기억되는 날이 있다.
원하는 대학에 진학한 날, 이상형인 배우자를 처음 만난 날, 사
랑스러운 아이가 태어나 품에 안긴 날, 내 집을 처음 계약한 날,
회사에서 승진한 날, 투자로 큰 수입을 얻은 날이 그렇다. 곰곰
이 생각해 보면 행복이란 지금까지 살면서 가장 즐거웠던 날, 웃
음이 절로 났던 날인 듯하다.

헤세는 "나는 정말 행복한가?"라는 질문을 "지금까지 살면서
가장 즐거웠던 날은 언제였을까?"로 바꿔야 한다고 이야기한다.

왜냐하면 행복은 하나의 단어일 뿐이며 그 어떤 의미도 없고, 그 저 다른 것에 영향을 받기 때문이다. 그런데 수많은 순간을 떠 올려 보면 행복한 것 같다가도 그다지 행복하지 않은 것 같기도 하다.

김나지움을 졸업하고 대학생이 된 싱클레어는 성인이 되었지 만 완벽하게 무기력했다. 목표도 없었고 어떻게 살아가야 할지 구체적인 방법도 알지 못했다.

싱클레어는 어느 교외의 자그마한 교회에서 오르간을 연주하 는 '피스토리우스'를 만난다. 싱클레어는 피스토리우스의 집 벽 난로 앞에서 하룻밤을 보내게 된다. 피스토리우스는 벽난로 속 종이와 장작에 불을 붙였다. 싱클레어는 그에게서 불꽃을 응시 하는 것이 기분 좋고 풍요로워지는 느낌을 준다는 것을 배웠다. 피스토리우스는 왜 불을 들여다보는 법을 싱클레어에게 알려 줬을까?

내 영혼이 나를 다시 움직이게 한다

사람들은 행복한지를 말할 때 그 기준이 좋은 집안 출신, 최고 의 스펙, 행복한 결혼 생활, 명성, 명예, 많은 재산에 있다고 생 각한다. 하지만 헤세는 그렇게 생각하지 않았다. 그는 이러한 행복은 시간이 지나면 사라지기 마련이라고 말했다. 마치 아무리 값비싼 보석이라 해도 익숙해지고 싫증이 나면 그 광채가 사라지는 것처럼 말이다.

진정한 행복은 물질적인 것, 명성, 사회적 지위에 있는 것이 아니라 마음에 있다. 참된 행복은 내면이 얼마나 풍요로운가에 달려 있다. 헤세는 "현대인들이 돈과 물질의 세계에서 자신의 영혼을 잃어버렸다"라고 말한다. 그렇다면 왜 물질적인 풍요보다 내면의 부유함이 더 소중할까? 왜 잃어버린 영혼을 다시 찾아야만 할까?

내면의 풍요로움은 삶을 완전히 바꿔 놓는다. 내면을 기쁨, 감사, 아름다움, 열정, 사랑으로 채우면 영혼이 충만해지고, 이 영혼은 우리를 열정적이고 창조적인 삶으로 이끈다. 항상 무언가가 부족하다는 결핍감은 사라지고 충만감으로 가득해진다. 이렇게 뜨겁게 타오르는 창조적인 에너지가 갑자기 쏟아져 나올 때 비로소 당신이 찾았던 새로운 존재를 만나게 된다.

"활기찬 영혼이 있는 곳에는 변혁이 있으며 일상과의 단절이 있으면 새로운 삶이 있으며 신이 있다. 영혼은 사랑이며 미래다."

〈영혼〉

우리 영혼 안에는 어떤 지식도 판단도 계획도 없다. 단지 미래와 새로운 추진력, 순수함만이 존재한다. 다시 말해 세상이 어떻게 흘러가든지 우리 안에는 무한한 가능성, 열정과 끈기, 그리고 새로운 것을 창조할 수 있는 능력이 있다.

헤세는 영혼의 노랫소리를 들어 준 사람과 돈을 받고 자신의 영혼을 팔거나 배반한 사람에 대해 말한다. 평범하게 시작하여 숭고하게 생을 마감한 사람들, 예를 들어 위대한 지휘관과 정복자, 위대한 예술가들 모두 자신의 영혼을 따랐다. 반면에 영혼과 사귀지 않고 함께 놀아 주지 않았던 백만장자들의 길은 달랐다. 그들은 결국 요양원에서 삶을 마감했다.

추운 겨울을 보내고 따뜻한 봄이 오면 따사로운 햇살을 받은 푸르른 나무와 화려한 꽃과 같은 자연의 모든 새 생명이 움트는 기적을 바라볼 수 있다. 우리가 얼마나 창조자인가. 우리 영혼이 얼마나 이 세계의 지속적인 창조에 부단히 관여하고 있는가. 헤세는 인간의 내면에서 활동하는 창조력은 자연의 창조력과 동일할 만큼 신성한 행위라고 말한다.

"영혼의 본질은 영원이며 그 본질을 우리는 알 수 없다. 그러나 그 본질은 대개 사랑하는 힘과 창조력으로 우리가 느낄 수 있도록 주어진다."

《데미안》

피스토리우스가 보여 줬던 불꽃은 인간의 내면, 즉 영혼을 상징한다. 싱클레어는 활활 타오르는 불꽃을 들여다보면서 자신의 내면에 두 가지 힘이 있다는 것을 깨달았다. 하나는 우리 삶에 생명력과 활력을 불어넣는 사랑하는 힘, 즉 '에로스'다. 또 다른 하나는 무한한 지혜의 원천인 '창조력'이다. 우리 내면은 외부에서 찾는 것이 아니라 스스로 창조하는 것이다. 싱클레어는 이제야 한 번도 돌본 적 없던 자신의 영혼을 돌보기 시작했다.

정원을 가꾸고, 책을 읽으며 내면을 돌본 헤세

헤세는 1931년 18살 연하인 '니논'과 세 번째 결혼식을 올린 후 스위스 남부 몬타뇰라의 새집으로 이사한다. 그곳에서 헤세는 정원 가꾸는 일에 몰두한다. 그는 한 해가 지나 정원에 다시 봄이 온 것에 기뻐하며 콩과 샐러드, 겨자 따위의 씨앗을 뿌렸고 화려한 꽃들도 심었다.

헤세는 정원을 가꾸면서 마치 창조자가 된 듯한 즐거움과 우월감을 느꼈다. 땅 한 뙈기에 자신이 좋아하는 과일, 좋아하는 색, 좋아하는 향기를 창조할 수 있기 때문이다. 헤세는 만년에 정원 일에서 즐거움을 찾고, 인생의 메마름을 풍성함으로 바꾸는 창조적 능력을 발견한다. 그는 그때부터 《유리알 유희》를 집필했고, 이 작품으로 1946년 노벨 문학상과 괴테상을 수상한다.

나 와 내 삶 의 의 미

"남들이 부러워하는 성공을 거둬도 여전히 허무하고, 손톱만큼도 행복을 느끼지 못하는 이유는 그대가 자신의 영혼이 추구하는 길을 걸어오지 않았기 때문이다. 진실로 자신이 행복한지 그렇지 않은지를 결정하는 것은 그대의 머리가 아니라 그대의 영혼이니까."

지금까지 지나온 삶의 궤적을 돌이켜보면 그렇게 행복했던 시간도, 인생에 별다른 의미를 둘 만한 일도 없이 살아온 것 같다. 그저 욕망의 덫에 완전히 사로잡혀 보잘것없는 것들을 열망해 왔다. 하지만 정작 만족하지 못한 결과만 남았고, 영혼은 병들었으나 우리는 영혼을 돌볼 여력이 없게 됐다.

"만일 당신이 영혼을 소홀히 한다면 당신의 삶은 불안해지고 모든 것에 적대감을 느끼게 될 것이다. 계속해서 영혼을 사랑하지 않고 돌보지 않는다면 곧 파멸하게 될 것이다."

<영혼>

가끔은 상처받은 영혼의 목소리가 들린다. 이때 자신의 영혼을 따뜻한 온기로 채우는 것이 필요하다. 헤세는 영혼을 소홀히 하며 사랑하지 않고, 영혼의 요구를 무시한 대가로 성공을 거둬도 그곳에서는 결코 행복이 꽃피지 못한다고 말한다. 행복을 느끼는 기관은 돈주머니가 아니라 바로 영혼이다.

"사랑을 결코 돈으로 살 수 없듯 세상에서 가장 좋은 것, 가장 아름다운 것, 가장 소중한 것은 자신의 영혼으로만 값을 치를 수 있다."

<어느 속물에게 보내는 편지>

헤세는 10대 때 이미 시인이 되겠다는 확고한 결심이 있었다. 그래서 그는 수도원 학교에서 적응하지 못하고 도주했다. 이때부터 불량 학생이 되었고 학교에서 퇴학당하고 말았다. 헤세는 시인 말고는 그 무엇도 되고 싶지 않았다. 그는 독학으로 독일 문학과 철학을 공부하면서 많은 습작 시를 썼다.

헤세는 1904년 26세의 나이에 《페터 카멘친트》를 출간하면서 문학적으로 성공을 거둔다. 그는 서점 직원으로 일하면서 많은 책을 읽을 만큼 독서광이었다. 헤세는 이 세상의 모든 책이 행복하게 해 주진 않지만 책들은 자기 자신으로 되돌아가는 길을 알려 준다고 믿었다. 그에게 책은 내면의 부유함에 이르는 통로이며 자극제였다.

"바닥에 아무리 멋진 카펫이 깔려 있고 호화로운 벽지와 명화가 온 벽을 뒤덮고 있더라도, 책이 없다면 가난한 집이다."

〈책과의 교제〉

헤세는 책과 친밀한 관계를 맺은 사람이라면 책을 읽을 때마다 새로운 기쁨과 만족을 느낄 것이라고 말한다. 저승에서 책을 몇 권 읽었는지 묻지 않으므로 무가치한 독서로 시간을 낭비하는 것은 어리석고 해로운 일이라는 것이다. 독서에서 중요한 건 독서의 질이다. 문학사를 줄줄 꿰고 있다 하더라도 독서를 통해 풍부한 힘을 얻지 못한다면 아무 소용이 없다. 책이란 무엇을 위해 존재하는가? 헤세는 이렇게 말한다.

"책은 진지하고 고요히 음미하고 아껴야 할 존재다. 그럴 때야 비로소 책은 그 내면의 아름다움과 힘을 활짝 열어 보여 준다."

나이를 한두 살 먹으면서 밤에 잠을 이루지 못하는 날이 많아졌다. 그럴 땐 마치 꿈을 꾸듯이 유년 시절을 떠올린다. 가족들과 함께 살았던 집, 아이들과 함께 천진난만하게 웃으며 뛰어놀던 골목길, 봉지 과자가 수북이 쌓여 있던 구멍가게 등. 이 모든 추억이 내 안에 고스란히 쌓여 있음에 놀란다.

기억은 시간을 초월하여 원하기만 하면 언제나 그 시절로 나를 데려간다. 좋은 기억뿐만 아니라 좋지 않은 어두운 기억들도 떠오른다. 그 시절의 내음이 물씬 풍겨 와 기쁨과 슬픔의 눈물이 마음을 뒤흔든다. 이렇게 지난날을 회상하며 행복감이나 괴로움을 맛볼 수 있는 이유는 무엇일까? 오직 인간만이 영혼으로 느낄 수 있기 때문이 아닐까?

하지만 빠르고 정신없이 흘러가는 삶 속에서 자신의 영혼을 돌볼 시간은 짧기만 하다. 반면 잠 못 이루는 밤에는 영혼이 기쁨과 슬픔, 놀라움과 두려움 같은 감정을 그대로 드러낸다. 잠 못 이루는 밤에는 누군가의 방해도 받지 않고 온전히 자기 자신에게 집중할 수 있기 때문이다. 그런 점에서 잠을 이루지 못하는 밤만큼 제대로 자신의 몸과 영혼을 다스리고 위로하는 방법을 알려 주는 것도 없다. 헤세는 참담한 정적 속에서 온전히 고독한 시간을 보내 본 사람만이 타인을 부드럽게 대하고 배려할 수 있다고 말한다. 헤세가 알려 준 타인의 영혼을 위로하는 방법에는 다음과 같다.

타인을 따뜻한 시선으로 바라보라.
애정을 담아 사물을 헤아려라.
정신적으로 아픈 이유를 헤아려라.
모든 인간적인 나약함을 관대하게 이해하라.

나만의 정원이 생긴다면 무엇을 심을까? 그동안 너무 바쁜 일상으로 아무런 삶의 의욕도 활력도 사랑도 느껴지지 않았다. 최근에 나는 연구소에 몬스테라 같은 화초를 키우기 시작했다. 몬스테라에서 나오는 새순을 관심 어린 눈으로 바라보자 내 안에서도 봄의 기운처럼 약동하는 힘이 생겼다. 아마도 몬스테라의 큰 잎이 번영과 풍요를 상징해서가 아닐까 싶다.

작은 기쁨과 사랑, 충만함이라는 기적의 씨앗을 내면 깊숙이 심으면 누구도 훔칠 수 없는 내면의 부를 소유하게 될 것이다. 마치 자신이 창조자가 된 듯 나만의 내면의 정원을 가꿔 보자.

그곳은 슬픔을 위로받을 수 있고, 지친 내 영혼이 쉴 수도 있는 나만의 은신처가 될 것이다. 내면의 부가 다른 무엇보다도 더 소중한 이유다.

05

삶이 어둡고 힘들어도
욕하지 마라

운명의 날들

사람들이 사는 모습은 저마다 다르다. 어떤 사람은 난관에 부 딪혀도 도전하는가 하면, 어떤 사람은 현실에 안주하고 만다. 또 어떤 사람은 실패해도 아랑곳하지 않고 삶에 몰입하는가 하면, 어떤 사람은 실패를 극복하려 하지 않고 바로 포기한다.

"내 인생은 무엇 하나 제대로 되는 게 없어."

"내 인생은 뒤죽박죽이야."

"난 재능이 한 가지도 없어."

"상황이 점점 나빠지고 있어."

"나는 뭘 하기에 너무 나이가 많아."

"난 사랑 같은 건 받을 자격이 없어."

"난 가장 운이 나쁜 사람이야."

"이렇게 노력해 봐야 아무 소용이 없어."

누구나 의기소침해 이런 말들을 내뱉어 본 적이 있을 것이다. 하는 일이 진척되지 않아 아무것도 하기 싫은 때가 있다. 몇 달씩 번아웃 증후군에 시달리거나 무기력증과 우울증을 호소하기도 한다. 하지만 더 나은 삶을 꿈꾸지 않는 사람이 어디 있겠는가? 답답한 현실에 처해 있는 사람은 비관적으로 생각하고 말할 수밖에 없다.

어쩔 수 없는 운명에 흔들리지 마라

원래 인생이란 좋은 것도 나쁜 것도 아닌 그냥 그런 것이다. 인생이란 누구에게나 예외 없이 무료하고, 하찮고, 사소한 것들로 채워져 있다. 아무런 위안도 받지 못한 채 판에 박힌 일상을 어렵지 않게 이어 간다. 그래서 헤세는 이렇게 묻는다.

"인간은 도대체 무엇을 위해 아침에 일어나고, 밥을 먹고, 물을 마시고 다시 잠자리에 드는 걸까?"

인생에 첫발을 내딛던 지난날을 되뇌어 보면 얼마나 가슴 떨리는 뜨거운 열정으로 시작했던가. 그런데 삶에는 혼자 힘으로는 도저히 감당할 수 없는 일들이 존재한다. 그곳에는 좌절과 낙망, 절망과 체념이라는 늪이 존재한다. 그렇게 우연히 다가온 만족스럽지 않은 결과에 대해 자신의 운명을 탓하며 한탄한다.

왜 우리는 운명을 자신의 인생을 결정짓는 중요한 기준이라고 생각하는 것일까? 운명이란 무엇인가? 운명을 사랑해야 한다는 이야기를 많이 들어 왔다. 왜 운명을 사랑해야 하는가? 자신의 운명을 거부하면 어떻게 될까?

먼저 헤세가 말한 운명이 무엇인지 알아보자. 헤세는 《게르트루트》에서 운명을 '외적인 운명'과 '내적인 운명'으로 나눈다. 외적인 운명이란 나를 둘러싼 모든 것 중에 내 의지와 상관없이 그저 주어진 것을 말한다. 외적인 운명은 피할 수 없고 신이 내린 필연적인 것들이다. 예를 들어 태어난 나라, 태어난 날, 태어난 곳, 가족, 성별, 과거와 미래, 좋지 않은 경기, 바이러스의 유행, 자연재해, 사건, 사고 등.

반면에 내적인 운명은 본래 타고난 것이며 내 안에 깃들어 있다. 예를 들어 내적인 운명은 스스로 소질과 재능을 발견하여 만들어 낸 운명을 이야기한다. 내적인 운명은 온전히 자기 스스로가 만들어 낸 작품이다. 따라서 외적인 운명은 누구에게나 찾아오고 누구도 피할 수 없다면, 반대로 내적인 운명은 각자의 노력으로 바꿀 수 있다.

나는 헤세가 운명을 대하는 태도를 다음과 같이 세 가지로 정리했다.

첫째, 인간의 삶에서 피할 수 없는 운명을 받아들여야만 한다.

헤세는 피할 수 없는 운명을 기꺼이 받아들이라고 말한다. 내가 어떻게 할 수 없었던, 그렇게 나를 덮친 외적인 운명은 간혹 나를 위기로 몰아넣는다. 무언가에 쫓기듯 분주하고 긴박한 삶을 살아가게 만든다. 이런 불행을 미리 예견하고 피할 수만 있다면 얼마나 좋을까?

바람처럼 스치고 지나가는 외적인 운명을 외면할 수 없다. 이렇게 바꿀 수 없는 운명은 독약처럼 쓰디쓰게 느껴지기도 하지만 자신의 것으로 받아들인다면 이 운명이 감미롭게 다가올 수 있다. 우리는 자신에게 주어진 운명의 시간을 혼자 짊어지고 책임져야 한다.

둘째, 자신의 운명을 오롯이 사랑해라.

내 운명을 사랑하기에 앞서 나를 먼저 사랑해야만 한다. 자기 자신을 사랑한다는 것은 자기 자신을 있는 그대로 오롯이 사랑하는 것이다. 당연하게도 자신을 사랑하는 사람은 자신의 운명까지 사랑할 줄 알아야 한다.

나와 내 삶의 의미

헤세는 《차라투스트라의 귀환》에서 운명을 엄마와 태아의 관계에 비유한다. 엄마가 태아와 한 몸이며 그 아이를 사랑하듯이 나도 나의 운명을 사랑할 줄 알아야 한다는 것이다. 설령 지금은 그것의 의미를 알 수 없다고 할지라도, 비록 지금은 어둠과 절망적인 상황 그리고 무미건조한 일상이 끔찍하게 반복될지라도. 내 운명을 기꺼이 기쁘게 받아들이고 사랑한다면 더 풍족하고 즐거운 날이 올지도 모른다.

셋째, 운명은 스스로 키우는 것이다.

운명은 내 안에서의 나와 함께 성장한다. 마치 엄마의 뱃속에서 태아가 성장하듯이 운명도 정신과 영혼 속에서 자란다. 지금까지 살아오면서 내가 겪었던 수많은 경험과 감정, 생각과 행동이 고스란히 내 안에 깃들어 모두 나의 운명으로 자라나고 있다. 따라서 운명은 어떤 우상이나 신뿐만 아니라 그 어디에서도 오지 않는다.

"운명이 외부에서 오는 사람은 맹수가 화살에 맞아 쓰러지듯이 운명에 맞아 쓰러진다. 운명이 내부와 자신의 가장 고귀한 데서 오는 사람은 운명으로 강해지며 신과 같이 된다."

《차라투스트라의 귀환》

내적인 운명은 아직 정해지지 않은 무한한 잠재력이다. 그곳은 무한한 가능성을 탑재하고 있다. 따라서 자기 자신에게로 이르는 길은 자신의 운명을 스스로 찾아내고, 그 운명을 만들어 가는 것이다. 자기실현이란 내 안에 잠들어 있는 잠재력을 흔들어 일깨우는 과정이다.

싱클레어는 자유로운 삶을 살았다. 교외의 낡은 집에서 조용하고 아름답게 지냈다. 그의 책상 위에는 니체의 책이 몇 권 놓여 있었다. 그는 니체와 함께 살았다. 그는 니체의 고독한 영혼을 느꼈고 니체의 운명을 감지하며 함께 괴로워했다. 니체처럼 엄격하게 자신의 길을 갔던 사람이 존재했다는 사실에 싱클레어는 무척 행복했다.

어느 늦은 저녁에 한가롭게 시내를 산책하던 싱클레어는 데미안을 운명처럼 마주친다. 다시 만난 데미안은 싱클레어에게 지금 카인의 표지가 더 뚜렷해졌다고 말한다. 여기서 카인의 표지는 자신의 운명을 사랑하고, 온전한 자기 자신에 이르는 길의 소중함을 깨달은 '각성한 자'를 상징한다. 이제 싱클레어도 자기 자신의 고유한 삶을 살아가는 성숙한 인간이 되어 각성한 자들의 대열에 합류하게 됐다.

"모든 사람은 그의 운명을 손에 쥐고 있어서 온전히 그의 작품에

속하는 그의 삶을 스스로 창조해야 한다."

<대리석 공장>

싱클레어는 데미안의 초대로 에바 부인을 처음으로 만난다. 그는 에바 부인과의 만남으로 새로운 감정을 느끼게 됐다. 그동안 늘 헤매고 다녔던 자신이 이제 집으로 돌아온 기분이었다. 그러자 싱클레어는 마음속에서 걷잡을 수 없는 눈물이 솟아졌다. 싱클레어는 에바 부인에게 이렇게 묻는다.

"인생길은 누구에게나 그렇게 힘든 것인가요?"

에바 부인은 침착하면서도 애정이 가득한 목소리로 답한다.

"당신의 운명은 당신을 사랑하고 있잖아요. 당신이 변함없이 충실하다면 당신이 꿈꾸는 것처럼 언젠가 그 운명은 완전히 당신의 것이 될 거예요."

이제 싱클레어는 왜 자신의 운명을 받아들이고 사랑해야 하는지 알았다. 먼저 자신의 운명을 사랑해야 언젠가 내 운명도 내가 꿈꾸는 대로 될 것이기 때문이다.

내 삶의 답은 이미 나에게 있다

싱클레어는 예전에 커다란 알에서 나오려 애쓰는 맹금을 그려서 데미안에게 보냈다. 데미안은 이렇게 답했다.

"새는 알에서 나오려고 투쟁한다. 알은 세계다. 태어나려는 자는 하나의 세계를 깨뜨려야 한다. 새는 신에게로 날아간다. 신의 이름은 아브락사스."

《데미안》

누구나 타고난 운명대로 성장해서는 안 된다. 자신의 운명을 발견하려는 사람은 자신을 둘러싼 하나의 세계를 깨뜨려야 한다. 자신을 속박하는 기존의 세계에 갇힌 채 머물러서는 안 된다. 인생은 한쪽 문이 닫혀야 다른 쪽 문이 열린다. 삶은 모든 경계와 문턱을 넘어 새로운 삶으로 이어지는 끝없는 투쟁의 과정이다. 고통과 고뇌가 없는 성장은 있을 수 없다.

알에서 깨어나 누구든지 한 번은 운명이 주는 혹독함을 감당해야 한다. 자기 자신에게로 이르는 길은 나의 운명을 찾아 떠나는 항해다. 풍파를 만나지 않고 고요히 갈 수만은 없다. 그래서 헤세는 자기만의 길을 걷는 사람을 영웅이라고 생각했다.

'무엇을 선택하고 무엇을 버릴 것인가?'

누구나 인생의 분기점이 있다. 선택하거나 포기해야 할 때가 온다. 무엇이 정답인지 알 수 없어 우리의 마음이 괴롭다. 어떤 날은 좋은 기분이 들다가도 또 어떤 날은 슬럼프에 빠지고, 환멸을 느끼기도 할 것이다. 이렇게 계속 우왕좌왕하면서 늘 불안한 삶을 이어 가다 보면 그 해답을 바깥세상에서 찾아 헤맨다.

그러나 모든 인생의 답은 바로 나의 내면에 있다. 행복하고 부유한 삶을 살기 위한 답은 거대한 무의식 속에 있는 '자기(셀프)'에서 찾을 수 있다. 우리는 행복한 삶을 살기 위해 필요한 모든 것을 이미 갖고 있다. 삶에서 벌어지는 모든 일에 대한 답은 내면의 무의식에 있다.

싱클레어가 술집을 드나들던 시절에 길에서 만난 옛 친구 데미안은 이렇게 말한다.

"너의 인생을 결정하는, 네 안에 있는 것은 그걸 벌써 알고 있어. 이걸 알아야 해. 우리 마음속에는 모든 것을 알고, 모든 것을 하고자 하고, 모든 것을 우리보다 더 잘 해내는 어떤 사람이 있다는 걸 말이야."

《데미안》

데미안은 싱클레어에게 삶에 고난이 닥쳐 불안하거나 두려울 때 자기를 불러도 이제는 달려올 수 없다고 말한다. 데미안은 그럴 때마다 자신의 내부에 귀 기울여 보라는 마지막 말을 남기고 싱클레어 곁을 떠난다. 싱클레어는 스스로 문제를 해결할 수 있는 개성 있는 영혼으로 다시 태어난다.

이따금 자기 자신 속으로 내려가 그 검은 거울 위로 몸을 굽히기만 하면 그의 친구이자 인도자인 데미안과 완전히 닮아 있는 자기 자신의 모습을 볼 수 있다. 이제 싱클레어는 그 어떤 괴로움이 닥쳐와도 두려워할 필요가 없게 됐다. 항상 또 다른 나인 데미안이 자신 안에 존재하고 있기 때문이다.

'아모르 파티(Amor fati)'.

독일의 철학자 프리드리히 니체의 말이다. '네 운명을 사랑하라'는 의미를 가진 이 문장은 오랜 세월이 지난 지금까지도 유의미한 말이다. 아무리 강조해도 지나치지 않다. 지금 당장 1분 후에도 어떤 일이 일어날지 알 수 없을 만큼 인간의 삶은 불확실하다. 죽고 싶을 정도로 삶에 지쳐 잠시 멈춰 서 있을 수도 있고, 삶의 바닥까지 몇 번이라도 내려갈 수도 있다.

하지만 괴롭다고 해서 절대로 내 삶을 포기할 수 없다. 괴롭더라도 앞으로 계속 나아가야만 한다. 괴롭고 불확실한 삶은 내가 이미 계획했던 진정한 삶을 찾아가는 과정이며 이는 곧 나의 인생이자 나의 운명이다.

내 안에는 지금까지 나의 인생을 이끌어 왔고, 앞으로도 나를 지탱해 줄 믿음직한 능력을 소유한 존재가 있다. 바로 '자기'다. 삶의 가혹한 운명에 맞서려면 내면에 잠들어 있는 거인인 자기를 깨워야만 한다. 삶이 아무리 덧없고 잔혹하더라도 내가 할 수 있는 유일한 일은 나에게 주어진 운명을 사랑하는 것이다. 그럴 때 운명이 나를 위해 준비해 놓은 멋진 선물을 받게 될 것이다. 내 운명은 내 힘으로 거둬들인 것이다. 그러므로 내 운명을 온전히 사랑하라.

2장

내가 겪는 모든 일이 나를 만든다

《황야의 이리》에서 찾은
시련의 가치

고통이 주는
달콤함이 있다

고통

"삶은 가까이서 보면 비극이지만, 멀리서 보면 희극이다."

찰리 채플린의 유명한 말처럼 삶의 어떤 날은 힘겹고 궁핍하지만 달리 보면 어떤 날은 즐겁고 풍족하다. 그렇지만 신이 나고 기쁠 때보다는 괴롭고 지칠 때가 더 많았던 것 같다. 사랑, 돈, 꿈에서 한계에 부딪히자 삶이 너무도 힘들었다. 내 삶이 실패한 것처럼 느껴졌다. 어둡고 절망적인 나날이 빨리 지나가길 바랐다. 삶이 주는 고통을 겨우 이겨 낸 후에는 이런 생각이 들었다.

'나는 고통을 겪을 수밖에 없는 운명일까?'

'그렇다면 과연 내가 고통스러운 삶을 잘 견뎌 낼 수 있을까?'

'고통에도 끝이 있을까?'

'만약 고통에도 끝이 있다면 그 끝에서 나는 무엇을 깨달을 수 있을까?'

'기나긴 고통스러운 시간 끝엔 무엇이 있을까?'

《황야의 이리》의 주인공 하리 할러는 어느 날 가구가 딸린 다락방을 빌려 그곳에서 몇 달간을 살았다. 그는 쉰 살에 가까운 사내였다. 할러는 자신을 스스로 '황야의 이리'라고 불렀다. 그는 사교성이 전혀 없어서 외톨이로 조용히 지냈다. 할러는 중년의 나이에 늙어 감, 건강의 악화, 삶의 무의미, 대중화된 세상의 허상 속에서 고통스러워 했다.

그는 무서울 만큼 위축되는 마음, 곁에 아무도 없는 것처럼 느껴지는 소외감, 텅 빈 황량함과 절망을 겪어 내야만 했다. 그는 육체적, 정신적으로 병든 자아 속에서 인내의 한계 상황까지 내몰렸다. 그는 인생을 불행하고 비참한 것으로 보는 염세주의의 시선으로 세상을 바라봤다.

할러는 어떻게 고통에서 벗어나 삶의 의미를 새롭게 부여할 수 있었을까?

나와 내 삶의 의미

"비록 가장 힘든 시기를 보내고 있다고 하더라도 내가 결코 바라지 않는 것은 좋음과 나쁨의 중간 상태, 미적지근하고 그럭저럭 견딜 만한 상태다. 그럴 바에야 차라리 굴곡이 심한 편이 낫다. 고통은 더욱 괴롭되 대신 행복한 순간은 한층 더 충만하고 빛나길 원한다!"

삶이 다채로운 이유

혜세는《차라투스트라의 귀환》에서 우리의 삶은 '행위'와 '고통'으로 이뤄져 있다고 말한다. 인간은 태어나서 성장하고 죽음에 이를 때까지 고통스러운 삶을 살게 된다. 혜세는 사람들이 고통으로부터 도피하는 것을 '행위'라고 부른다. 행위란 고통이 없는 상태를 추구하는 것이다. 또한 행위란 쾌락과 안락을 추구하는 '행복'을 의미한다. 그래서 삶은 야누스의 얼굴처럼 행복과 고통이라는 두 가지 얼굴을 지녔다. 행복과 고통은 동전의 양면과 같다. 혜세는 이렇게 말했다.

"행복과 고통은 삶을 함께 지탱해 주는 두 기둥이며, 삶의 전체다."

〈외로운 밤〉

그런데 혜세는 최대한 많은 행복을 얻으려 애쓰지 말라고 말한다. 왜일까? 행복은 지속되지 않기 때문이다. 예를 들어 아무리 멋진 차를 샀다고 해도 그 기쁨은 몇 달이 지나면 사라진다. 최대한 많은 행복을 누리는 삶, 즉 쾌락만을 추구하는 삶을 살면 어떻게 될까? 욕망은 항상 새로운 욕망으로 충족되기를 원한다. 만약 새로운 쾌락을 찾지 못한다면 공허하고 권태로운 삶에 빠지게 된다.

헤세는 이렇게 즐거움도 고통도 없이 무미건조한 일상이 반복되는 것을 혐오하고 역겨워했다. 오히려 그는 미적지근한 인생보다 지독한 고통으로 인생이 불타오르기를 원했다. 그는 고통을 없애는 것이 아니라 오히려 그 아픔을 영혼에 더 깊이 각인하고 싶었다. 왜냐하면 그 순간 자기 안에 삶에 대한 강렬한 욕구가 타오르기 때문이다. 헤세는 이 순간을 '창조적인 순간'이라고 말한다. 고통은 오히려 삶을 아름답고 풍성하고 다채롭게 만들어 준다.

이것이 바로 하리 할러가 즐거움도 고통도 없는 중간 상태에 대한 만족감을 시간이 조금만 지나도 참을 수 없을 정도로 혐오스럽고 역겹게 느꼈던 이유다. 그는 고통의 천재였다. 그는 "만족감을 느끼며 고통 없이 지낼 수 있다면 아주 좋은 일"이라고 말한다.

하지만 할러는 유감스럽게도 그런 만족을 좀처럼 견딜 수가 없었다. 그래서 할러는 불가피하게 고통의 길로 도피하지 않을 수 없었다. 할러는 자신이 무엇보다도 증오하고, 혐오하고, 저주하는 것이 바로 만족과 건강, 쾌적함, 시민들의 잘 길들여진 낙관주의라고 말했다. 그는 정상적이고 평균적인 것은 돼지처럼 살을 찌우며 번식하는 것과 같다고 생각했다.

"고통을 잘 살아 내는 것이 인생 전체다!"

<외로운 밤>

헤세의 말이다. 인간은 고통으로부터 자유로울 수 없다. 삶은 고통 그 자체다. 삶을 지속하는 동안 고통은 없어지지 않고 계속된다. 그래서 우리는 고통을 잘 이겨 내는 방법을 배워야 한다. 그렇다면 어떻게 해야 고통을 잘 다룰 수 있을까?

첫째, 고통을 응시하라.

고통을 극복하려고 의식적으로 노력해야 한다. 헤세는 어떤 고통이든지 똑바로 응시하는 단단한 마음을 가져야 한다고 말한다. 고통은 아픔과 괴로움을 주기도 하지만 극복할 힘도 준다. 그래서 고통을 직면할 때 오히려 더 강한 힘이 나온다. 만약 지금 질병으로 고통스럽다면 건강이 뒤따라야 한다.

헤세는 고통의 한가운데를 가로지르는 길이 고통의 세계를 가장 빨리 통과할 수 있는 지름길이라고 생각했다. 헤세는 이렇게 묻는다.

"그런 수많은 고통이 다시 반복되는 것을 막는 것이 그것을 회피하는 것보다 더 지혜롭고 쉬운 일이 아니었을까?"

나와 내 삶의 의미

둘째, 오히려 고통을 사랑하라.

고통을 잘 이겨 내기 위해서는 고통을 거부하거나 도망가지 말고, 오히려 고통을 사랑해야 한다. 고통을 사랑한다는 것은 고통을 즐기라는 말이다. 무슨 의미일까?

"인간은 운명을 괴로워한다."

《차라투스트라의 귀환》

다시 말해 운명은 인간에게 고통을 준다. 죽을 수밖에 없는 운명에서 오는 고통은 끔찍하다. 하지만 앞서 말한 것처럼 우리는 그러한 운명까지 끌어안고 사랑해야 한다.

"기를 쓰고 저항할수록 나 자신과 내 운명을 한탄하며 바꾸려 할수록 으레 고통이 더 심해지는 경우가 많단다. 굴복하고, 내려놓고, 더 이상 생각하지도, 어떤 조치를 취하려 하지도 않는 것. 모든 고통에 끝이 있음을 발견하기 위해 이것도 영 나쁜 길만은 아니다."

〈여동생 마룰라에게 쓴 편지〉

모든 성장에는 고통이 따르는 법이다. 고통을 사랑할 때 자신감을 키울 수 있게 된다. 고통과 역경이 찾아왔다면 자기 자신을 단련할 수 있는 절호의 기회다.

"고통이 사람을 부드럽게 만들고, 강철처럼 단단하게 단련한다."

〈외로운 밤〉

고통은 성장의 밑거름이다

헤세는 1927년 1월 자신의 50번째 생일을 앞두고 《황야의 이리》를 출간한다. 이 작품의 주인공인 40대 후반의 '하리 할러'의 머리글자가 H. H인 것을 보면 헤르만 헤세 자신임을 짐작할 수 있다.

1923년 헤세는 첫 번째 부인마리아와 이혼한다. 1924년 헤세는 20살 연하의 아름답고 매력적인 성악가 루트 뱅어와 다시 결혼한 후 바젤에서 살았다. 그런데 헤세의 결혼 생활은 성격 차이 같은 여러 가지 문제로 안정적이지 못했다. 헤세는 루트 뱅어와 결혼한 지 몇 주밖에 지나지 않았음에도 아내를 홀로 남겨두고 여행을 떠난다. 그해 11월 다시 바젤로 돌아오지만 그 후에도 그는 따로 다락방 하나를 빌려 아내와 별거하기 시작한다.

1925년 헤세는 취리히에 머물렀다. 그는 마리아와의 이혼, 루트 뱅어와의 안정적이지 못한 결혼 생활, 경제적인 어려움, 건강상의 이유로 다시 재발한 심각한 우울증 때문에 절망에 빠져 이따금 자살을 생각하기도 했다. 헤세는 이렇게 말했다.

"나는 오랫동안 직업도, 가족도, 고향도 없고, 사회적인 친분도 없다. 어느 누구의 관심이나 사랑도 받지 못한 채 세속적인 믿음이나 도덕적 기준으로 인한 심한 갈등을 겪으며 혼자서 살아왔다."

〈언제나 새로운 자기 자신 가꾸기〉

헤세는 철저히 낯선 이방인의 모습이었다. 그에게 종교도, 조국도, 가족도, 국가도 그 의미를 잃은 지 오래였다. 그는 1926년 초부터 융의 제자 랑 박사에게 다시 심리 치료를 받는다. 결국 헤세는 결혼한 지 3년 만인 1927년 루트 뱅어와 이혼을 한다. 수년의 세월 동안 아무 희망도 없이 외롭고 쓸쓸하게 보냈던 헤세는 부디 그 고통이 끝나기만을 바랐다. 그의 《황야의 이리》는 이렇게 고독한 삶을 살면서 절망적이고 고통스러운 상황 속에서 탄생했다.

"모든 고통에는 한계가 있는 것 같다."

〈성찰이 필요한 나이〉

헤세의 말처럼 고통이 끝나고 난 후에는 행복한 순간이 찾아오기 마련이다. 고통도 그 끝이 있다. 어떤 아픔도 절정에 달하면 상황이 호전된다. 고통은 삶이자 희망이므로 고통스러운 만큼 보상이 따른다. 고통의 크기가 크면 클수록 따라오는 행복도 큰 법이다. 만약 가장 힘든 시기를 보내고 있다면 머지않아 한 층 더 충만하고 행복한 순간이 찾아올 것이다.

"지난날을 돌이켜보면 생각대로 잘 되지 않아 힘들고 고단했던 시 절이 모든 것이 예상대로 풀렸던 시절보다 내 인생에 더 약이 됐 다. 나는 머리를 굴리기보다 인내심을 가져야 한다. 뿌리를 깊이 내리고 가지가 흔들리지 않도록 굳건히 서야 한다."

〈1920년 일기〉

초봄에 꽃들이 피어나는 것을 바라보면 새 생명이 움트는 기 적을 느낄 수 있다. 모든 씨앗은 흙 속에서 때가 되면 싹을 틔울 준비를 한다. 꽃씨가 싹을 틔우고 자라기 위해서는 흙을 뚫고 나와야 한다. 또한 화려한 꽃을 피우기 위해서는 적당한 비와 따뜻한 햇빛이 필요하다. 이렇게 자연의 힘은 온갖 식물들이 자 라고 꽃을 피우며 열매를 맺게 한다.

그런데 씨앗은 싹을 틔워 흙에서 나올 때, 뿌리는 비가 쏟아질 때, 꽃은 꽃봉오리는 터트려야 할 때 괴로워야 한다. 화초는 꽃 을 피우기 위해 흙과 비와 성장을 견뎌야 한다. 모든 생명이 태 어나고 성장하는 것은 고통이다. 우리의 인생도 마찬가지다.

헤세는 우리의 인생을 식물의 생장에 비유한다. 그는 흙과 비 그리고 성장이 바로 운명이라고 말한다. 우리는 운명이 주는 고통을 통해 성장할 수 있는 것이다. 시련과 아픔은 찬란한 인생이라는 꽃을 피우기 위한 과정이다. 우리는 아픔을 통해 정신적으로 성장할 수 있다. 지금 어두운 절망 속에 있다고 삶을 포기해서는 안 된다.

"다시 밝은 빛을 보고자 한다면 슬픔과 절망을 뚫고 나아가야만 한다."

〈언제나 새로운 자기 자신 가꾸기〉

삶이 한 편의 연극이라면 우리는 그 연극 무대 위에서 정해진 역할을 하는 배우다. 각자에게 주어진 역할을 잘 수행해 내기만 하면 된다. 찰리 채플린의 말처럼 삶은 비극이면서 동시에 희극이다. 중요한 것은 엇갈린 희비 속에서 연연하지 말고 부동심을 유지해야 한다는 것이다. 이미 결정된 것과 바꿀 수 없는 것에 저항하려 애쓰지 말자. 헤세는 스스로 이렇게 다짐했다.

"나는 삶이 행복이든 고통이든 최대한 깨어 있는 의식으로 살고자 한다."

07

인간은 불안하기 때문에
일하고 사랑하며 행동한다

마음

최근 불안으로 고통받는 사람들이 늘고 있다. 갑작스레 겪는 상황이나 돌발 상황을 맞닥뜨릴 때 우리는 늘 불안이라는 감정을 느낀다. 불안은 걱정, 긴장, 초조, 공포와 같은 형태로 나타날 수 있다. 인간은 태어나면서부터 어머니와 떨어지는 순간에 느끼는 불안감이 트라우마로 남게 됐다. 한 치 앞도 예상할 수 없는 우리에게 불안이라는 감정은 떠안아야 할 숙명인 셈이다.

우리는 고등학교 때는 대학 진학 문제로, 대학을 졸업하고 나선 취업 문제로, 중년이 되어서는 노후 문제로 초조한 삶을 살아간다. 그렇다면 우리는 무엇 때문에 불안한가? 우리는 평생 불안한 삶을 살아야만 하는가?

덴마크의 실존주의 철학자 쇠렌 키르케고르는 "불안은 인간을 사로잡는 어떤 낯선 힘"이라고 말한다. 불안에 사로잡히면 옴짝달싹할 수가 없다. 불안은 우리를 무력하게 만든다. 결코 불안으로부터 도망칠 수가 없다.

불안은 대개 너무 많이 생각하는 습관에서 비롯된다. 불안의 원인은 내가 아니라 나의 마음에 있다. 마음이 즐거운 사람은 불안한 상태에 쉽게 빠지지 않지만, 마음이 괴로운 사람은 쉽게 불안해진다. 불안은 마음의 상태에 달려 있다. 따라서 불안의 배후에 숨어 있는 마음을 잘 살펴야 불안한 감정에서 벗어날 수 있다.

"어떤 감정도 사소하다거나 가치가 없다고 하지 마라. 감정이란 모두 좋은 것이다. 증오도, 시기도, 질투도, 심지어 잔혹함조차도. 우리가 어떤 감정이든 부당하게 다루면 그것은 별 하나를 지워 버리는 것과 마찬가지다."

《클링조어의 마지막 여름》

나를 정의 내리지 못해 불안해졌다

정신 분석학의 창시자인 지그문트 프로이트는 1923년에《자아와 이드》라는 논문에서 인간의 마음은 '자아(Ego)', '이드(Id)',

'초자아(Superego)'의 삼각 구조로 이뤄졌다고 서술했다. 여기서 자아는 이드의 본능적인 욕구를 현실에 맞게 조절하고 통제하는 부분이다. 이드는 인간의 본능에 자리 잡고 있는 모든 욕구와 충동의 원천이다. 이드는 특히 배고픔, 목마름, 성적 욕구 같은 신체적 욕구와 공격성 등을 충족하려 한다. 초자아는 이상적인 행동이나 도덕적 규범을 내면화한 부분을 말한다.

마음의 세 부분은 끊임없이 상호 작용하면서 조화를 이루려고 한다. 자아는 이드의 본능적 욕구를 현실에서 충족할 방법을 찾는 동시에 초자아가 제시하는 도덕적 기준도 충족시키려 한다. 자아는 이드와 초자아 사이의 갈등을 조율하는 중재자 역할을 한다. 자아가 이드와 초자아를 잘 통제하고 지배할 때 마음의 균형을 유지할 수 있다.

하지만 그 반대의 경우에는 마음이 조화를 이루지 못한다. 예를 들어 식욕이나 성욕을 강하게 느껴 이드가 강해지는 경우 자아는 충동을 제어하기 힘들다. 반면에 극도로 도덕적이며 비판적이어서 초자아가 지배적인 경우 자아는 수치심과 죄의식을 갖게 된다.

이렇게 자아가 이드의 충동을 현실적으로 충족하지 못하거나 초자아가 자아를 지나치게 억압하는 경우에 심리적 갈등이나 불안에 시달리게 된다. 인간은 이드와 초자아라는 두 강력한 힘 사이에서 비틀거리면서 불안과 전율의 삶을 살아간다. 그래서 헤세는 자기 자신과 하나가 되기까지 많은 시간이 필요하다고 말한다.

> "자기 자신을 조금이라도 알기 위해서 얼마나 오랜 시간이 필요한가. 자기 자신을 긍정하고 초자아적인 의미에서 자기 자신과 하나가 되기까지 또 얼마나 오랜 시간이 필요한가. 우리는 얼마나 더 계속 시도하고 자기 자신과 싸우고, 또 얼마나 많은 매듭을 풀고 자르며 또다시 새로운 매듭을 묶어야만 하는가."

〈1921년 일기〉

어느 날 할러는 여느 때처럼 생각에 잠겨 거리를 걷고 있었다. 그가 구시가지로 들어섰을 때 '아무나 입장할 수 없음' 그리고 '미친 사람만 입장 가능'이라고 적힌 네온사인을 발견했다. 할러는 컴컴한 좁은 골목에서 마술 극장의 광고 플래카드를 달고 가던 한 사내와 우연히 마주쳤다. 그는 할러에게 《황야의 이리론, 미친 사람만 볼 것》이라는 제목의 소책자를 건네줬다. 할러는 그 책을 긴장감 속에서 단숨에 읽었다.

《황야의 이리론》은 놀랍게도 할러 자신에 관한 이야기를 담고 있었다. 할러는 《황야의 이리론》을 읽고 그의 내부에 존재하는 두 개의 본성, 즉 '인간의 본성'과 '이리의 본성'을 함께 지녔다는 사실을 알게 된다. 그는 이렇게 자신의 내면에서 서로 다른 자신의 모습을 발견했다. 사상, 감정, 문화의 세계이며 잘 길들여지고 순화된 본성의 세계인 하나의 인간과 그 옆에서 충동, 야성, 강인함의 어두운 세계, 순화되지 않은 거친 본능의 세계인 하나의 이리 사이에서 고통스러운 나날을 보내고 있었다. 인간과 이리가 병존하지 못했고, 둘은 줄곧 철천지원수처럼 맞서서 한쪽이 다른 쪽을 괴롭혔다. 둘이 하나의 피와 영혼 속에서 서로 죽일 듯이 적대한다면 그건 저주받은 인생이었다.

할러는 때로는 이리로 때로는 인간으로 살았지만 그럼에도 자신의 모든 면이 사랑받기를 원했다. 하지만 사람들은 그의 한쪽 면만 봤다. 사람들은 그의 세련되고 지적인 인간으로서의 모습을 사랑하다가 갑자기 이리의 모습을 발견하고 소스라치게 놀랐다.

반면에 그가 친절하고 상냥한 것을 동경하거나 모차르트의 음악을 듣고 시를 읽는 인간의 모습을 보이면 사람들은 자유롭고 거친 야생적인 힘이 없다며 애처로움을 표시했다. 이렇게 할러는 분열된 자아로 괴로워했다.

하리 할러의 인간의 본성은 프로이트가 말한 초자아를 의미하고, 이리의 본성이 이드를 의미한다고 볼 수 있다. 할러는 이드와 초자아 사이에서 정체성의 혼란을 겪으며 불안함을 느꼈다. 그렇다면 불안이라는 감정에서 벗어날 수는 없는 걸까? 불안이라는 감정이 쓸모가 있을까? 어떻게 하면 초조해하지 않고 마음

편히 머물 수 있을까? 헤세의 불안을 잘 다루는 방법을 다음과 같이 두 가지로 정리했다.

첫째, 불안을 침대 곁으로 가져가지 말라.

불안은 그 정도에 따라 쓸모가 있기도 하고 없기도 하다. 적당한 수준의 불안은 다가올 위험을 대비하도록 도와준다. 하지만 과도한 불안은 영혼을 잠식한다.

> **"밤마다 너의 하루를 검토하라. 그것이 신의 마음에 맞는 것인지 아니면 행위와 성실이란 점에서 기뻐할 만한 것이었는지, 불안과 회환처럼 무기력한 것은 아니었는지."**
>
> 시 〈밤마다〉

잠들기 전에 자신의 마음 상태를 살펴보고 어떤 어두운 그림자도 침상으로 가져가지 말아야 한다. 다시 말해 매일 잠들기 전에 쓸모없는 불안은 없애 버리는 것이다. 그래야 모든 근심 걱정을 마음에서 떼어 낼 수 있고 영혼이 편안하게 쉴 수 있다.

> **"황야의 이리는 언젠가는 자기 자신과 마주 보고 서서, 영혼의 혼돈을 깊이 들여다보고 자신에 대한 완전한 인식에 도달해야 한다."**
>
> 《황야의 이리》

둘째, 불안을 창조적인 에너지로 전환하라.

불안은 우리에게 행동할 힘을 준다. 불안보다 우리를 사로잡는 감정도 없지만 불안보다 우리를 움직이게 만드는 감정도 없다.

"인간이란 이미 창조되어 있는 것이 아니다."

《황야의 이리》

인간은 고정적이고 불변하는 존재가 아니라 오히려 실험적이고 변화를 추구하는 존재라는 의미다. 마음이 편안할 때는 현실에 안주하게 되지만 불안한 마음은 과거를 떠나 미래로 향하게 한다. 불안은 내 안의 창조성을 일깨운다. 그래서 삶을 아름답고 위대한 비밀이 있는 곳으로 나아가게 만든다.

삶이 하강 곡선을 그릴 때 불안이라는 끔찍한 감옥에서 탈출할 수 있는 출구는 인간의 마음에 있다. 불안할 때는 마음속에 억압된 충동이나 욕망이 있는지 잘 살펴봐야 한다. 우리 마음속 욕망이 앞으로 나아가게 하는 추진력이 될 것이다.

욕망을 억제하려 하지 말고 다스려라

플라톤은 《파이드로스》에서 인간의 영혼을 마부 한 명이 날개 달린 두 마리의 말을 이끄는 마차에 비유한다. 여기서 마부

나와 내 삶의 의미

는 '이성'이다. 두 마리의 말 가운데 마부를 잘 따르는 훌륭한 한 마리는 '기개'를 의미한다. 또 다른 한 마리는 마부의 말을 듣지 않고 정신없이 날뛰는 나쁜 말로 '욕망'이다. 플라톤은 끊임없이 솟아오르는 욕망을 이성으로 통제해야 한다고 말한다.

하지만 자신의 욕망과의 투쟁은 끝이 보이지 않는 싸움이다. 인간의 모든 행동은 욕망이라는 본능과 충동을 토대로 한다. 우리는 맛있는 음식을 먹고 싶은 욕망, 누군가와 사랑에 빠지고 싶은 욕망, 백만장자가 되고 싶은 욕망, 권력을 갖고 싶은 욕망, 타인에게 인정 받고 싶은 욕망 등 수많은 욕망에 사로잡혀 있다.

프로이트에 따르면 이드는 '쾌락 원칙'에 의해 움직인다. 원하는 것이 있으면 지금 당장 즉각적인 만족을 요구한다. 이때 자아는 '현실 원칙'에 따라 이드의 본능적인 욕구를 만족시킬 방법을 현실 세계에서 찾는다. 하지만 이드는 현실에서 충족되기가 쉽지 않다. 왜냐하면 욕망은 끝이 없기 때문이다. 만약 하나의 욕망이 충족된다고 하더라도 더 큰 욕망을 꿈꾸기 마련이다. 인생은 욕망과 체념 사이에서 쉬지 않고 흔들리는 놀이와 같다.

쉼 없이 바람결에
꽃핀 가지가 나달거린다.
쉼 없이 아이처럼

나의 마음이 흔들린다.

갠 나날과 흐린 날 사이를

욕망과 체념 사이를.

꽃잎이 모두 바람에 날려 가고

가지에 열매가 열릴 때까지.

치졸한 거동에 지친 내 마음이

차분히 평온에 싸여

인생의 소란한 놀이도 즐거웠고

헛되지 않았다고 말할 때까지.

시 <꽃핀 가지>

그렇다면 어떻게 해야 욕망을 잘 지배할 수 있을까?

첫째, 욕망을 숨기지 마라.

자신의 욕망을 그 자체로 인정하고 받아들여야 한다. 다시 말
해 욕망을 부정하거나 무조건 억압한다면 불행해질 수밖에 없
다. 욕망이 없는 삶은 열정이 없는 삶과 같다.

"마음이 이끄는 대로 살게! 그게 가장 좋은 길이니."

<1919년 카를 젤리히에게 쓴 편지>

　　　　　　　　나 와 내 삶 의 의 미

둘째, 불필요한 욕망과 집착을 내려놓아라.

불필요한 욕망이란 정신적 허기를 메우기 위한 식탐이나, 술, 마약, 도박같이 중독성 있는 광적인 욕망을 의미한다.

"부는 바닷물과 같아서 마시면 마실수록 목이 마른다."

쇼펜하우어의 말처럼 세속적, 물질적 욕망에 중독되면 벗어나기가 쉽지 않다. 물질적 욕망의 노예가 되어 항상 결핍을 느끼고 만족을 모르고 시달리게 된다. 중요한 것은 욕망이 삶에 어떤 의미로 존재하는지다. 내가 추구해야 할 욕망은 내 삶에 더 깊은 의미를 부여하는 욕망이어야 한다.

인생에서 맞닥뜨린 우연한 상황에 밤새 불안에 떨었던 적이 있는가? 나는 불안감이 계속해서 압박해 오는 상황에서 벗어나려 할 때마다 다시금 극심한 두려움 안에 갇혔다는 돌연한 생각이 들었다. 밤새 불안이라는 감옥에 갇혀 내가 아무런 존재도 아니란 걸 깨닫게 됐다. 나의 삶을 어떻게 완성해야 할지 몰랐던 그 밤에 불안은 나에게서 존재할 힘을 빼앗아 갔다. 한숨을 내쉬는 순간만큼 불안을 느꼈다. 여느 때보다 더 깊이 삶의 덧없음을 느끼기도 했지만 나 스스로 변해야 한다는 충동에 이끌리기도 했다.

"잠 못 이루는 밤은 늘 괴로운 법이지. 하지만 좋은 생각을 하면 견딜 수가 있단다. 자리에 누웠는데 잠이 안 오면 쉽게 화가 나고 짜증 나는 일만 생각하게 되지. 하지만 마음만 먹으면, 의지만 있으면 좋은 생각을 할 수도 있단다."

《청춘은 아름다워》

　모래와 자갈 사이에서도 작은 꽃이 피듯이 아무리 불행한 삶에도 나름의 행복한 시간은 있다. 불안은 무서운 감정이 아니다. 삶이 뒤흔들릴 때마다 우리는 불안에서 무엇인가를 얻게 될 것이다. 이제 불안할 때마다 "어떻게 불안한 감정에서 벗어날까?"가 아니라 "어떤 욕망이 내 안에서 꿈틀거리는가?"라고 스스로에게 물어야 한다.

나와 내 삶의 의미

08

진실로 고독해졌을 때
처음으로 내 모습을 볼 수 있다

고독

멀리 떨어져서 지나온 삶을 바라본 적이 있는가? 자신의 삶을 자세히 살펴보면 어떤 모습인가? 삶은 때로는 힘겹고 고통스러운 것들로 채워졌지만 가끔은 멋지기도 하다. 또 별다른 어려움이 없었던 것처럼 느껴지기도 한다. 그러면서도 그다지 행복했던 것 같지 않다.

헤세는 누구나 인생을 돌아보면 즐거웠던 날보다는 괴로웠던 날이 더 오래 기억된다고 말한다. 과거의 기억을 되뇌어 보면 이별의 아픔에 괴로움으로 몸부림쳤던 날, 슬픔이라는 바다에 빠져 허우적거렸던 날, 후회와 수치스러움으로 얼룩진 순간, 실패와 배신감으로 처참했던 순간, 죽음에 직면해 느꼈던 공포의 순간이 아른거린다. 그중에서도 가장 두려웠던 것은 아마도 삶에서 홀로 된다는 것이 아닐까?

> "자기만의 고독한 시간에는 모든 것이 우리를 슬프게 한다. 지난날 젊은 시절에 자기와 가장 가까운 사람을 고통 속으로 몰아넣고, 사랑을 거절하고, 호의를 무시해 보지 않은 사람이 누가 있으랴. 자기를 위해 마련되었던 행복을, 반항과 오만으로 인해 잃어 보지 않은 사람이 누가 있을까?"

〈고독에 대하여〉

현실을 거부하면서도 현실적이었던 하리 할러

하리 할러는 누구보다 자유를 얻기 위해 더 열정적인 욕구를 가진 사람이었다. 그는 젊은 시절에 가난으로 괴로웠다. 하지만 돈이나 안락한 삶보다는 한 조각의 자유라도 건질 수만 있다면 차라리 다 떨어진 옷을 입고 굶더라도 자유를 선택하고자 했다. 할러는 가정생활이나 사회적인 명예욕에 관심이 없었다. 그는 철두철미하게 독립적인 인간이었기 때문에 전적으로 시민적인 세계의 밖에 있었다.

하지만 그렇긴 해도 그는 여러 면에서 아주 시민적인 생활을 했다. 그는 은행에 예금을 했고, 가난한 친척을 도와줬으며, 사

나와 내 삶의 의미

———

"고독해져라. 거리의 화려함에서 벗어나 혼자가 되어라. 웃음소리와 흥청거림, 달콤한 유혹에서 멀리 떨어져 그대 자신이 되어라. 부모로부터도 멀리 떨어져라. 지금은 이해가 안 갈 수도 있지만 말해 두겠다. 고독은 외로운 것이 아니다. 그대가 진실로 고독해졌을 때 그대는 자기 운명의 빛나는 얼굴을 처음으로 보게 될 것이다. 다시 말해 그제야 그대는 자신만이 할 수 있는 일을 발견할 것이다. 그때 그대는 스스로를 알게 된다. 그것이야말로 참다운 어른이 되는 일이다."

람들 눈에 튀지 않는 단정한 옷을 입고 다녔다. 또한 경찰, 세무원 같은 공권력과는 가능한 한 마찰 없이 지내려고 애썼다.

그는 의식적으로 부르주아를 경멸했고 오히려 자신이 부르주아가 아님을 자랑스럽게 생각했다. 하지만 동시에 늘 시민들의 영역에 살면서 소시민의 습관과 규범 그리고 분위기를 익히며 계속해서 관계를 맺어 왔다. 그는 스스로 시민 세계의 국외자, 비범한 인간, 천재의 소양을 타고난 인간이라고 느끼면서도 한 번도 이러한 시민성이 존재하지 않는 삶의 공간에서 살았던 적은 없었다.

"나는 삶이 그렇게 동요할 때마다 끝에 무언가를 얻었다는 것을 부인할 수 없다. 그것은 자유, 정신, 내면의 깊이 같은 것이었고, 또한 고독, 몰이해, 냉담함 같은 것이었다."

《황야의 이리》

누구나 완전히 자유로운 삶을 꿈꾼다. 돈 걱정 없는 경제적 자유, 타인의 시선으로부터의 자유, 당당하게 자신의 의견을 표현할 수 있는 자유, 말할 수 없는 것들에 대해 침묵할 수 있는 자유, 언제든 떠날 수 있는 자유, 마음껏 머물 수 있는 자유 등. 무언가에 얽매이지 않는다면 과연 자유로울 수 있을까?

꼭 그런 것만은 아니다. 원하는 것을 소유하려는 욕망에는 끝

나와 내 삶의 의미

이 없다. 예를 들어 더 이상 직장에서 일을 하지 않아도 될 만큼 경제적 자유를 얻었다면 정말 자유로운 삶을 쟁취한 것일까? 경제적 자유를 이뤘지만 또 다른 무언가에 속박될 수도 있고, 자신도 모르는 사이에 자본주의 사회에서 물질적 욕망의 노예로 전락할 수도 있다. 충족된 욕망은 또 다른 욕망을 낳는 법이다. 또한 기존의 안전한 삶을 떠나 자유분방한 삶을 살아가는 사람은 철저하게 고립된 존재가 되어 외로움과 불안감에 시달린다.

고독의 가장 큰 기쁨은 마음의 자유다

진정한 자유는 단순히 외부의 구속에서 벗어나는 것이 아니라 내면의 욕망과 집착에서 벗어나는 것이다. 진정한 자유는 마음껏 할 수 있는 상태가 아니라 마음의 상태다. 따라서 진정한 자유를 추구하는 사람은 자신의 내면을 들여다보는 고독한 시간이 필요하다. 자유를 사랑하는 사람은 고독을 사랑할 수밖에 없다.

"고독은 자유다. 나는 그것을 원했고 수년이 지나서야 그것을 얻었다. 고독은 싸늘했다. 정말이지 고독은 조용하고, 놀랍도록 조용하고, 별이 돌고 있는 저 싸늘하고 고요한 공간만큼이나 넓었다."

《황야의 이리》

고독은 긍정적인 측면과 부정적인 측면 양쪽 모두 갖고 있다. 먼저 고독은 자유를 선사한다는 긍정적인 측면을 갖고 있다. 누구에게도 방해받고 싶지 않은 사람이라면 고독할 수밖에 없다. 고독은 자유로운 삶을 위한 가장 좋은 수단이다. 소란스러운 세상에서 벗어나 타인의 간섭 없이 홀로 자유로움을 만끽하고 싶다면 고독을 즐겨야 한다.

이때 우리에게 필요한 것은 고독을 견딜 수 있는 능력이다. 고독을 향유하고 음미할 수 있을 때만 자기 자신과 오롯이 마주할 수 있다. 혼자만의 고독한 시간은 괴로움이 아니라 평온함을 선사한다. 진정한 자유를 만끽하려면 자기 자신과 오롯이 마주할 수 있는 자기만의 방을 마련해야 한다.

"고독의 시간은 아무것에도 방해받지 않고 온전한 혼자일 수 있는 기쁨의 순간이 되어야 한다는 것이다."

<외로운 밤>

반면에 고독은 놀랍도록 싸늘하고 조용하다는 부정적인 측면을 갖고 있다. 고독은 견디기 힘들 만큼 차갑다. 헤세는 고독은 인간이 가장 두려워하는 길이라고 말한다. 고독은 별들이 있는 저 넓은 우주 공간만큼 고요하고 그윽하며 끝이 없다. 그곳에는 온갖 무서운 것, 즉 불안감, 절망감, 무력감 같은 것들이 있기 때

나 와 내 삶 의 의 미

문이다. 그래서 고독이 주는 절망의 시간은 견디기가 힘들다. 프랑스 철학자 파스칼은 《팡세》에서 이렇게 말한다.

"인간의 모든 불행은 단 한 가지 사실, 즉 그가 방 안에 조용히 머물러 있을 줄 모른다는 사실에서 유래한다."

인간이 홀로 남겨질 때 평안한 시간을 갖지 못하는 가장 큰 이유는 자기 자신과의 만남 때문이다. 우울, 두려움, 권태, 불안 같은 부정적인 감정을 느끼며 괴로워한다.

헤세는 《황야의 이리》의 시대적 배경을 제1차 세계 대전이 끝난 후인 1920년대로 설정하여 그 당시 급변하는 독일의 상황을 단적으로 묘사했다. 전후 독일은 정치·경제적으로는 대단히 혼란스러웠지만 사회·문화적으로는 황금기를 누렸다.

20세기에 축음기나 라디오 등을 포함한 산업 기술이 발달하면서 대중문화의 영역이 확대됐고, 이는 전후 세대의 상실감을 자극해 오락과 소비에 대한 욕망을 증대했다. 특히 독일에서는 댄스홀이나 재즈 음악 같은 미국의 향락적인 대중문화가 유입되면서 이미 격렬한 재즈 음악이 흘러나오는 카페와 사치스러운 도시의 바, 버라이어티 쇼, 경마장, 영화관 등이 확산되고 있었다.

할러는 이러한 자본주의의 물질만능주의 문명에 수많은 사람이 기쁨과 욕망을 얻고자 아우성치는 것을 이해할 수 없었고, 공감할 수도 없었다. 그는 카페 음악이나 대중의 값싼 향락의 만족에 길들여진 이런 미국식 인간들이 옳다면 자신은 말 그대로 황야의 이리, 초라한 은둔자라고 말했다. 그는 고도의 개성화된 지식인이며 예술가로서는 시민이 될 수 없는 인간이었다.

"권력을 가진 자는 권력 때문에, 돈을 가진 자는 돈 때문에, 비굴한 자는 아부 때문에, 향락을 쫓는 자는 향락 때문에 망하듯이, 황야의 이리도 그의 자유 때문에 무너졌다."

《황야의 이리》

할러를 시민 사회 밖에 서 있는 아웃사이더로, 그리고 더 깊은 고독 속으로 몰아붙인 결정적인 계기가 있었다. 그가 광신적인 국가의 이데올로기를 정면으로 비판한 사건이었다. 이 사건을 계기로 할러는 주변 사람들의 멸시와 배척 대상이 됐다. 주변 사람들의 존경을 받으며 살았던 할러는 갑자기 조국을 팔아먹은 자로 매도됐다. 그런 와중에 정신에 이상이 생긴 아내와 결혼 생활마저 파산하고 말았다. 그는 몇 년 사이에 직업도, 가정도, 고향도, 재산과 시민적 명성을 모두 잃었다. 그렇게 그는 시민 사회 집단 밖에 홀로 서서 아무한테도 사랑받지 못하는 이방인이 됐다. 그때부터 그의 고독이 시작됐다.

인생은 덧없고 일상은 너무 빨리 지나간다. 그래서 나의 영혼이 어떤 모습인지 거울에 비춰 볼 여력이 없다. 밤이 되어 지친 몸은 곯아떨어지지만 커다란 슬픔과 외로움에 영혼이 잠 못 이룬다면 우리는 고독이라는 중병에 걸린 것이다.

"세상에는 크고 작은 길들이 많이 있다. 인생이라는 길은 말을 타고 갈 수도, 차로 갈 수도, 둘이 갈 수도, 셋이 갈 수도 있다. 그러나 마지막 한 걸음은 혼자서 걸어야 한다. 그러므로 아무리 힘든 일이라도 혼자서 하는 것보다 더 나은 지혜나 능력은 없다."

시 〈혼자〉

고독한 시간에서는 모든 것이 우리를 슬프게 한다. 하지만 이때 좌절과 방황, 혼돈 속에 숱하게 지새운 밤들은 그만큼 진정한 가치가 있다. 젊은 시절 고독이라는 병을 이겨 낸 사람은 인생이라는 길을 홀로 걷게 되더라도 두려움에 떨지 않는다. 인생은 뿌연 안개 속을 홀로 거니는 것과 같다. 각자 홀로 있는 것이다.

"살아 있다는 것은 고독하다는 것, 사람들은 서로를 알지 못한다. 모두가 다 혼자다."

〈안개 속에서〉

인간은 누구나 고독하다. 고독은 '자유'와 '절망'이라는 두 얼굴을 지니고 있다. 그래서 우리는 혼자만의 삶을 살고 싶다가도 타인과 어떤 방식으로든 가까이 지내고 싶은 양가감정을 느낄 수밖에 없다. 그러나 고독은 결코 외로움이 아니다. 고독과 외로움의 차이를 이해해야 한다. 외로움은 슬픔을 주지만 고독은 다양한 감정에 열려 있는 상태다.

고독은 온전히 자기 자신의 내밀한 곳까지 파고들어 부정적인 감정들을 깨끗이 비울 수 있게 해 준다. 고통스러운 과거로 얼룩진 상처를 모조리 버려야만 있는 그대로의 자신과 만날 수 있다. 다시 말해 진실로 고독해졌을 때 내 운명의 모습을 처음으로 만나게 된다. 고독해야 비로소 자기 자신만이 할 수 있는 것을 발견하고, 자신이 어떤 사람인지를 알게 된다는 의미다.

"고독은 운명이 사람을 자기 자신에게로 인도하는 길이다."

《차라투스트라의 귀환》

나와 내 삶의 의미

09

인생을 사랑하면
죽음도 사랑하게 된다

삶과 죽음

죽음은 어떤 빛깔일까? 삶의 빛깔이 화려하고 찬란한 무지개 색이라면, 죽음은 그 반대일 것이다. 삶이 아름다운 장밋빛이라면 죽음은 모든 사랑과 기쁨이 다 타 버린 잿빛일 것이다.

헤세는 우리의 삶을 늘 칠흑 같은 암흑이 위협한다고 말한다. 죽으면 모든 것이 암흑 속으로 잠기게 된다. 그래서 아무리 생각해 봐도 죽음은 밝은 빛깔일 수가 없다. 우리에게 죽음은 두려움 그 자체다. 그런데 우리는 일상생활에서 은연중에 '죽겠다'는 표현을 자주 쓴다.

"지겨워 죽겠어."

"피곤해 죽겠어."

"배고파 죽겠어."

"귀여워 죽겠어."

"무서워 죽겠어."

"보고 싶어 죽겠어."

"미워 죽겠어."

말끝마다 '죽겠어'를 달고 사는 사람들이 있다. '죽겠다'는 말이 가진 의미가 그렇게 가볍지 않은데도 무심코 던지는 사람들이 많다. 이는 곧 우리의 삶에는 죽음이 늘 함께 하고 있다는 것을 보여 준다. 마치 삶을 아무리 피하려고 해도 피할 수 없는 것처럼 죽음 또한 피하려고 해도 절대로 피할 수 없는 것과 같다. 피할 수 없는 삶과 죽음 사이에서 우리는 어떻게 해야만 할까? 그렇다고 삶의 끝이자 극단에 있는 죽음이 삶의 목적이란 말일까?

왜 죽음이 두려울까?

인간의 삶에서 가장 많은 호기심을 불러일으키는 것은 무엇일까? 헤세는 바로 '죽음'이라고 말한다. 죽음의 정체는 무엇인가? 죽음이란 인생이라는 여정의 마지막 목적지이면서 도착지다. 우리는 모두 같은 곳을 향하여 떠밀려 간다. 죽음은 우리가 살아 있는 마지막 순간에 기꺼이 생명을 던지는 인생에서 가장 큰 의미를 지닌 체험이다.

그러나 우리는 죽음이 두렵다는 이유로 죽음에 관한 생각을 회피한다. 죽음에 대한 두려움은 우리를 미래로 내몰고 현재를 만끽하지 못하게 만든다. 죽음에 대한 두려움은 어떤 방법을 동원해도 달랠 수 없는 커다란 고통이다. 인간은 왜 죽음을 두려워할까?

첫째, 죽음은 늘 우리가 예상치 못한 순간에 불시에 방문한다.

다가올 운명 중에 피할 수 없는 가장 확실한 것이 죽음이다. 우리가 죽음을 무시한다고 해서 피할 수 있는 것이 아니다. 살아 있는 동안에도 죽음이라는 시간은 흐른다. 태어나는 순간부터 죽음을 향하여 발걸음을 내딛고 있다. 지금 건강하다고 해서 죽음이 멀리 있는 것도 아니고 병에 걸렸다고 죽음이 가까워진 것도 아니다. 그 누구도 죽음의 시기를 알 수는 없다.

이처럼 삶과 죽음은 그 경계가 모호하다. 그래서 인생의 어느 시기든 죽음을 미리 준비해야 한다. 헤세는 젊은이들이 죽음에 대해 말하는 것은 좋아하지만 정작 죽음에 대해 생각하지는 않는다고 말한다. 그렇다면 헤세는 왜 죽음에 대해 생각하라고 말한 것일까?

죽음을 생각한다는 것은 오직 삶을 생각하라는 의미다. 다시 말해 죽음을 준비한다는 것은 삶을 준비한다는 것이다. 죽음을 알아야 삶을 제대로 살 수 있다. 누구나 겪어야 하는 죽음을 더 이상 외면하지 말아야 한다. 죽음을 인식하면 무엇보다도 현재의 나 자신에게 오롯이 몰두할 수 있다. 헤세는 이렇게 말했다.

"죽음 때문에 우리의 삶은 보다 깊고 섬세해진다."

<죽음에 대하여>

둘째, 죽음은 모든 것을 앗아 간다.

죽음은 삶이 나에게 선사했던 모든 것을 한순간에 박탈해 버린다. 이 세계에서 나만 홀로 떨어져 나가는 것이다. 죽음은 지난날 내가 사랑하던 모든 기쁨과 행복했던 순간이 다 타 버리고 암흑 속으로 사라져 버리는 일이다. 죽음은 삶을 이루고 있는 모든 것을 앗아 간다. 이것이 죽음이 두렵고 슬픈 이유다.

내가 오늘 죽는다면 가장 후회되는 것은 무엇일까? 이토록 짧은 생을 살아가고 있는데, 우리는 수백 년을 살 것처럼 너무나 많은 일을 계획하고 있지는 않는가? 삶의 끝에서 아무도 당신이 얼마나 좋은 집에 살았는지, 얼마나 좋은 직업을 가졌는지, 얼마나 돈을 많이 벌었는지 묻지 않는다. 따라서 가치 있고 즐거운 삶은 얼마나 많은 것을 가졌는지가 아니라 어떤 삶을 살고있는지에 있다. 죽음은 인간의 지식, 부, 쾌락 등 모든 세속적 가치를 추구하는 삶이 얼마나 헛되고 덧없는 것임을 보여 준다. 헤세는 죽음은 인생의 무상함에 대한 깊은 불안감이라고 말한다.

할러가 고독한 존재였다는 것 외에 또 다른 특징은 죽음을 항상 염두에 뒀다는 사실이다.

"나는 한 인간이 어디까지 견뎌 낼 수 있는지 궁금하다. 더 이상 참을 수 없는 한계점에 이르면, 나는 문을 열고 빠져나가기만 하면 된다."

《황야의 이리》

할러는 죽음이란 비상구가 항상 열려 있다는 생각이 친숙해지자 오히려 힘이 났다. 그에게 죽음은 버팀목이었다. 죽음에 이르는 길이 늘 열려 있다는 생각이 그에게 위안이 됐다. 그는 이런 상상을 하면서 삶이 주는 고통을 맛보고 이겨 내려 했다.

———

죽음도 삶의 일부다

"나무 한 그루가 베이면 묘비가 되어 버린 그루터기에서 나무의 역사 전체를 읽을 수 있다."

〈의연하고 고독한 나무들〉

나이테와 아문 상처에는 그 나무가 겪었던 온갖 싸움, 고통, 아픔, 그리고 행운과 번영이 고스란히 남아 있다. 좁고 진한 나이테는 나무가 힘든 고비를 넘겼던 해를 말해 준다. 반면 밝고 굵은 나이테는 나무가 풍성한 한 해를 보냈음을 말해 준다.

하지만 헤세는 가장 강인하고 고귀한 나무가 가장 좁다란 나이테를 가지고 있다는 사실은 누구나 안다고 말한다. 이렇게 나무가 점점 자라면서 생긴 나이테는 죽은 속살이다. 마치 우리가 죽음을 향해 달려가면서 이마에 주름살이 늘어나는 것처럼 말이다. 나무도 성장하면서 동시에 죽어 가고 있다는 것이다. 우리 인간의 삶도 마찬가지다.

헤세는 인간은 불행하게도 서서히 조금씩 죽어 가고 있다고 말한다. 삶을 이루고 있는 모든 것과 순간순간 작별을 고하고 있다는 것이다. 이것이 바로 죽음의 정체다.

내 삶은 고난과 방황과 불행의 연속이었다. 나는 체념과 부정을 향해 주저 없이 내달렸다. 삶에서 중요한 것은 돈 몇 푼이 아니라 인생의 순간마다 몰락의 고통을 통해 깨달음을 얻는 것이다. 그래야 내 영혼은 다시 숨쉬기 시작한다. 융은 《원형과 무의식》에서 이렇게 말했다.

"깊이 하강하는 것은 항상 상승에 선행하는 것 같다."

나와 내 삶의 의미

다시 말해 자신의 무의식 속으로 깊이 하강해야 진정한 자기 자신을 발견하게 된다. 삶은 죽음처럼 고통스러운 순간을 겪을 때마다 더 의미 있는 방향으로 나아간다. 우리의 삶은 이렇게 쇠퇴와 형성, 몰락과 소생이 끊임없이 되풀이된다.

헤세는 죽음은 '단지 그의 삶에 주어진 과제를 끝마치는 것일 뿐'이라고 말한다. 그의 삶에 주어진 과제가 끝났다는 말은 어떤 의미일까? 헤세는 이렇게 답한다.

"그 사람이 그의 인생에서 가장 깊은 의미에 도달했고 성숙했다는 뜻이다."

죽음이 닥쳐와도 죽음을 대비한 사람은 더 높은 차원의 삶으로 들어갈 수 있기에 헤세는 죽음을 커다란 행복이라고 이야기했다. 죽음에 대항할 필요도, 두려워할 필요도 없다. 죽음에 연연하지 않을 때 우리는 비로소 고요하고 평온하게 살아갈 수 있다.

죽음은 우연이 아닌 필연이다. 하지만 죽음이 삶의 목적인 것도 아니다. 죽음이란 이번 삶이 부여한 나의 사명을 무사히 마치고 새로운 삶을 기약하는 과정일 뿐이다. 우리는 죽음도 삶의 과정 중에 한 부분이라고 생각해야 한다. 내가 마지못해 죽는다고 하더라도 삶의 의미가 사라지는 것은 아니다. 죽은 후에 나의 삶은 여전히 온전하다. 헤세는 이렇게 말한다.

"모든 인간에게는 가장 내면에 자아가 있고, 그 어떤 죽음도
그것을 파괴하지 못한다."

다시 묻고 싶다. 죽음은 어떤 빛깔일까? 여전히 죽음의 빛깔
이 어둡고 캄캄하게만 느껴지는가? 만약 우리가 죽음을 생각할
때 삶의 진정한 가치를 이해할 수 있다면 이제 죽음은 밝은 빛을
띠어야 하지 않을까? 죽음도 삶의 일부라면 삶의 빛깔을 띠어야
하지 않을까? 만약 죽음이 없다면 삶의 빛깔은 퇴색하고 말 것
이다.

고대 로마 시대 후기 스토아학파 철학자였던 에픽테토스는
《엥케이리디온》에서 이렇게 이야기한다.

"다른 무엇보다 죽음을 날마다 네 눈앞에 놓아두라."

죽음을 인식하고 살아간다면 그 어떤 비참한 생각도 갖지 않
게 되고, 또한 어떤 것을 지나치게 욕망하지도 않게 된다는 것이
다. 죽음은 삶에서 가장 가치 있는 것이 무엇인지 깨닫게 한다.
언젠가 죽는다는 생각은 사회적 성공, 명예, 돈 같은 세속적 욕
망에 휘둘리지 않고 일상에서 놓치고 있는 소중한 것들이 무엇

나와 내 삶의 의미

인지 질문하게 한다.

"나의 묘비명은 유쾌한 음향이기를 바란다."

시 〈나의 묘비명〉

이는 따뜻한 봄에 한 마리 작은 새의 명랑한 노래처럼 숲속으로, 골짜기로, 초원으로 울렸으면 한다는 뜻이다. 헤세는 단 한 사람이라도 고통스러운 삶 속에서 이 노래를 듣고 이해하고 존중해 준다면 자신의 마지막 소원을 이루게 된다고 말했다. 나는 죽어 사라져 버리겠지만 내가 사람들에게 영향을 미쳤던 것들은 고스란히 남는다. 당신은 죽은 후에 어떤 사람으로 기억되고 싶은가?

10

마음에 남은 천진함을
소중히 하라

행복

어떤 사람들은 돈이 없으면 행복해질 수 없다고 믿는다. 그들은 돈으로 시간뿐만 아니라 원하는 모든 것을 살 수 있다고 생각한다. 돈으로 행복하기 위한 시간마저 살 수 있다면 맞는 말이기도 하다.

재벌집 막내아들로 팔자 좋게 태어난 사람이라면 모를까, 큰돈을 모으려면 많은 시간이 필요하다. 또한 현실적으로 생계를 꾸려 나가는 데 바빠 에너지와 시간을 사용하고 만다. 당장 일만 하느라 정신이 없어 자신에게 소중한 일은 미루게 된다. 이쯤 되면 오히려 돈이 나의 행복한 앞날을 가로막고 있는 것이 아닌가 싶다.

　　　　　　　　　　　나와 내 삶의 의미

하리 할러는 자기 성찰을 통해 자신을 변화시켜야 했다. 새로운 자기 자신이 되려고 시도하지 않는다면 최후의 보루인 죽음을 선택할 수밖에 없었다. 그는 과거의 자신과 결별하고 현재와의 관계를 회복하기 위한 삶의 어떤 계기를 발견해야만 했다. 그는 극도의 절망 상태에 빠져 있던 시절에 이미 여러 번 그런 과정을 경험했다. 그런 뼈저린 경험을 할 때마다 그의 자아는 산산조각이 났다. 그렇다면 삶의 무게에 지쳐 버린 할러는 어떻게 해야 삶을 견뎌낼 수 있을까? 하리 할러는 이렇게 묻는다.

"도대체 내가 왜 이렇게 된 것일까?"

"재능 있는 시인이자 열정적인 이상주의자였던 내가 어떻게 해서 이 지경이 된 것일까?"

"왜 모든 것에 무기력과 증오만 느끼는 것일까?"

"권태와 공허함과 절망감 같은 감정이 언제부터 나에게 슬금슬금 나왔단 말인가?"

어떤 일이 있어도 즐겁게 살아라

어느 늦은 밤 하리 할러는 '검은 독수리'라는 낯선 술집에 들어갔다. 술집 안에는 그가 그렇게도 혐오했던 춤판이 벌어지고 있었고, 뒤쪽 홀에서는 요란한 댄스 음악이 흘러 나왔다. 그는 그곳에서 '헤르미네'라는 예쁘장하고 창백한 한 여자를 만난다. 그는 그녀가 무척 마음에 들었다. 그는 헤르미네가 마치 자신만을 위한 존재처럼, 늘 자신 곁에 있어야 하는 존재처럼 느껴졌다. 할러는 그녀에게 산다는 것이 죽는 것보다 훨씬 더 어려운 일이라고 고백한다. 그의 고백을 들은 헤르미네는 그에게 삶을 가볍게 살아갈 수 있는 법을 가르쳐 준다.

첫째, 삶의 매 순간을 소소한 놀이로 만들어라.

할러는 삶의 예술가가 되는 두 가지 방법을 배웠다. 바로 매 순간 열린 마음으로 즐기는 법과 춤을 추는 법이다. 그는 지금껏 정신, 예술 같은 가장 아름답고 심오한 것들을 추구했다. 그런데 오히려 그런 삶에 환멸을 느꼈다. 그는 이제 자신을 옭아매던 과거에 연연하지 않았으며, 영원한 이상적인 세계를 꿈꾸거나 진지한 삶을 목표로 삼지 않았다. 그는 현재 이 순간에 일어나는 사소한 일들과 작은 기쁨을 귀하게 생각했다. 그는 진정한 행복은 먹고, 마시며 그 순간을 충실하게 살 때 온다는 것을 깨닫게 된 것이다.

또한 그녀와 춤을 추면서 삶을 가볍게 살아가는 법을 배웠다. 춤을 잘 추기 위해서는 쾌활함, 순수함, 가벼움, 감흥 같은 능력이 필요한데, 그에게는 오래전부터 이런 능력이 없었다. 그의 삶도 마찬가지였다. 할러는 힘의 상승, 활력, 충만 같은 생명력 넘치는 존재들을 내면에 채워야 한다. 그래야 삶이 주는 허무와 절망을 넘어설 수 있다.

"우리는 멀리 떨어져 시야에서 사라진 아름다움에는 기꺼이 찬미하여 사랑을 베푼다. 그래서 나는 나에게 가까이 있고 익숙한 아름다움에도 사랑을 선물하는 것이 추구할 만한 가치가 있는 기술이라고 생각한다."

〈머나먼 푸른 하늘〉

우리가 찬미하고, 사랑하며 추구할 만한 가치가 있는 것은 자신에게 가까이 있고 익숙한 아름다움이다. 헤세는 가까이에 있어 매우 하찮게 느껴지는 것들을 아끼고 부드럽게 대할 때 삶에 부드러운 향기와 은근한 빛을 부여할 수 있다고 말했다.

둘째, 삶을 긍정하고 웃음을 배워라.
하리 할러는 가장무도회에서 헤르미네와 춤을 춘 후 마술 극장 안으로 들어간다. 이제 할러는 이곳에서 웃음을 배워야 한다. 독일의 철학자 니체는 《차라투스트라는 이렇게 말했다》에서 이렇게 말한다.

"그대들 자신을 뛰어넘어 웃는 법을 배우도록 하라."

왜 니체는 웃는 법을 배우라고 말한 것일까? 그 이유는 우리는 삶에 무게에 눌리면 웃을 수 없기 때문이다. 기쁘고 행복할 때는 웃는 법을 배우지 않아도 자연스럽게 웃음이 난다. 하지만 고통스러운 삶이 반복된다면 웃으려 해도 웃음이 나질 않는다. 마치 영원히 무거운 바위를 산 정상으로 밀어 올려야 하는 형벌을 받은 시시포스처럼 말이다. 그는 자신이 밀어 올렸던 돌이 순식간에 저 아래로 다시 굴러 떨어진 것을 바라보며 무슨 생각이 들었을까?

알베르 카뮈는《시지프 신화》에서 시시포스가 처한 상황을 '부조리'라고 표현했다. 카뮈는 "시시포스가 어떤 날에는 고통스러워하면서 산을 내려오지만 또 어떤 날에는 기쁨 속에서 내려올 수도 있다"라고 말한다. 결국 삶의 부조리를 인정할 수 있는 사람만이 웃을 수 있다는 것이다. 비극, 절망, 허무, 부조리 한가운데에서 삶을 긍정할 수 있어야 한다. 삶에 휘둘릴 때마저도 긍정하고 웃을 수 있어야 한다.

셋째, 삶의 문제들을 적정한 거리를 두고 바라보라.

독일의 철학자 쇼펜하우어는 "인생은 고통과 권태 사이를 오가는 시계추와 같다"라고 말한다. 인간의 행복을 가로막는 두 가지 적이 바로 고통과 권태다. 어떻게 해야 고통스럽거나 권태로운 삶을 흥미롭고 유쾌하게 만들 수 있을까? 헤세는 그 답을

———

"진실로 자유로워지고 싶다면 여태 의지해 온 마법의 지팡이를 버려라. 다시 말해 시간이라는 관념을 깨끗이 버려라. 그건 이미 지나간 일이야. 아직 내일이 안 됐잖아. 벌써 이렇게 시간을 낭비해 버렸어. 이 나이에 뭘 또. 이런 생각들을 낳는 시간을 가장 먼저 버려야 한다. 그리고 오로지 자신이 지금 해야 하는 일에만 집중해라."

바로 '유머'에서 찾았다.

유머란 남을 웃기는 말이나 행동을 뜻한다. 일상에서도 대체로 재밌고 유머러스한 사람이 그렇지 않은 사람보다 인기가 더 많다. 왜 그럴까? 그것은 세상을 바라보는 관점이나 생각을 표현하는 방식에 있다. 유머가 있는 사람은 고달픈 삶의 여러 가지 문제를 적정한 거리에서 바라본다. 유머는 삶의 무게를 덜어주는 도구다. 사는 게 힘들고 웃고 싶어도 웃을 일이 없는 팍팍한 세상에서 우리에게 필요한 것이 유머가 있는 삶이다.

> **"모든 고차원적인 유머는 더 이상 자기 자신을 진지하게 받아들이지 않는 데서 시작됩니다."**
>
> 《황야의 이리》

할러는 파블로의 안내를 받아 마술 극장이라는 가상 공간에서 자신의 내면세계를 여행한다. 그곳에서 자신의 분열된 모습과 억압된 욕망을 바라본다. 그런데 할러는 그 환상의 세계에서 파블로와 같이 누워 있는 헤르미네를 발견한다. 그는 질투심을 느껴 그녀를 칼로 찔러 살해하고 만다. 할러는 가상 세계를 실재 세계로 착각한 것이다. 아직도 삶을 너무 진지하게 생각했다. 할러는 춤을 추는 법은 배웠지만 유감스럽게도 웃음과 유머를 배우는 데는 실패하고 만다.

　　　　　　　　　나 와 내 삶 의 의 미

지금까지 그는 삶이라는 체스 게임 위에서 말들을 어떻게 다뤄야 하는지 몰랐다. 하지만 그는 수수께끼 같은 삶의 게임 규칙을 어렴풋이 깨닫게 된다. 할러는 삶이 주는 고통과 무의미함을 다시 한번 더 맛보고 싶었다. 언젠가는 웃음을 배우게 될 것이라고 믿었다. 하리 할러가 깨달은 행복한 삶을 위한 치트키는 바로 이것이 아닐까?

"삶이 그대를 슬프게 할지라도 힘든 삶을 긍정하고 받아들인다면 견뎌 낼 수 있다."

쉬어라 그리고 기뻐하라

하루에도 몇 번씩 '바빠 죽겠어'라는 말을 한다. 우리는 왜 항상 숨 막히듯 시간에 쫓기며 늘 전전긍긍하는 걸까? 시간에 쫓기며 사는 우리 모습이 행복하다고 할 수 있을까? 행복을 소유하기 위해서는 행복해질 자격이나 조건을 갖춰야 한다.

헤세는 행복을 체험하기 위해 필요한 조건을 두 가지로 정리했다.

무엇보다 시간에 지배되지 않아야 한다.

두려움과 희망으로부터 해방할 필요가 있다.

그렇다면 시간에 지배되지 않는 삶이란 무엇일까? 꼭 경제적
자유만을 의미하진 않을 것이다. 부자가 된다고 해서 꼭 행복하
다는 보장은 없다. 부자라고 해서 유쾌하지 않은 경험을 피할 수
있는 건 아니다. 최고의 자리를 지켜 내려면 주변에서 일어나는
일에 늘 신경을 써야 하기 때문이다.

> **"시간을 돈으로 보고 매사에 서두르는 것이 의심할 여지없이 우리**
> **의 기쁨을 위협하는 가장 위험한 적이다."**
>
> <작은 기쁨>

우리의 행복을 방해하는 것 바로 '분주함'이다. 시간에 쫓기는
삶은 지속적인 불안감과 압박감으로 스트레스를 동반한다. 현
대인의 이러한 분주함과 조바심은 안타깝게도 그나마 얼마 되
지 않는 여유마저 앗아 간다는 것이다.

사실 돈을 버는 것 자체가 어려운 일은 아니다. 하지만 많은
돈을 벌었어도 몸과 마음이 형편없이 망가졌다면 그때 가서 과
연 행복을 누릴 수 있을까? 헤세는 시간에 쫓기며 돈에 연연하
는 삶을 지향하는 사람들에게 다음과 같은 처방을 내린다.

① 적당한 쾌락을 즐겨라.
② 일상에서 느끼는 소소한 기쁨을 간과하지 마라.

③ 적어도 일주일에 한 번쯤 열 시간씩 늦잠을 자라.

④ 날마다 자연을 접하면서 기쁨을 맛보라.

⑤ 아침마다 한 그루의 나무, 한 뼘의 하늘을 쳐다보는 습관을 들여라.

우리는 때때로 기쁨에 흠뻑 젖어 눈물을 흘리고, 슬픔에 잠겨 한없는 눈물을 흘리기도 한다. 기쁨과 슬픔은 분리될 수 없다. 삶은 기쁨과 슬픔이라는 두 가지 상반된 감정이 함께하는 여행이다.

기쁨은 삶에 지친 사람을 위로하기 위해 존재한다. 어떠한 슬픔도 영원하지 않다. 지금 슬프다면 자신의 마음을 들여다보라. 그 안에 나를 기쁘게 했던 것들이 있다는 것을 알게 될 것이다. 그러니 슬프다고 너무 괴로워할 필요가 없다. 그 슬픔을 통해 기쁨이 들어온다.

"날마다 화려한 꽃들이 피어나고 따스한 햇살이 비치며 기쁨이 우리를 향해 미소 짓고 있다."

〈보리수꽃〉

만약 삶이 빈약하게 느껴진다면 아마도 감수성이 메말라서다. 기쁨은 기대조차 없던 사람들에게도 주어지는 선물이다.

"어떤 기쁨이든 수고하지 않아도 오고, 결코 대가를 지불하지 않아도 된다는 것이야말로 참으로 근사한 일이다. 기쁨은 자유롭고 번져 오는 보리수꽃 향기처럼 누구에게나 주어지는 신의 선물이다."

〈보리수꽃〉

우리가 행복이라고 부르는 것은 아무 곳에나 있지 않다. 우리의 마음속에만 있다. 길가에 핀 작은 꽃 한 송이에서 느낀 작은 기쁨 하나하나를 소중하게 여길 때 일상이 주는 피로에서 벗어날 수 있다. 평소 소소한 기쁨을 누리는 것은 절제 있는 삶으로 이끈다. 그래야 나중에 다가올 커다란 기쁨을 제대로 맛볼 수 있다. 행복은 원한다고 찾아오지 않는다. 행복은 얼마나 내 삶을 바칠 만한 가치가 있는 일을 하느냐에 달려있다.

나 와 내 삶 의 의 미

3장 ——————

삶은 자신이
빚어내는
작품이다

———————

《싯다르타》에서 찾은
삶의 중심

11

남의 길을 걷고 있는가
나의 길을 걷고 있는가

길

《싯다르타》의 주인공 싯다르타는 인도에서 사성 가운데 가장 높은 계층인 바라문의 아들로 태어났다. 그의 곁에는 항상 그림자처럼 뒤따르는 친구 '고빈다'가 있었다. 싯다르타는 이미 오래전부터 현인들의 대화에 참여할 만큼 총명했다. 그는 고빈다와 함께 깊이 사색하는 기술과 침잠하는 자세를 익혔다.

싯다르타의 아버지는 아들이 위대한 현인으로, 바라문들 중에서 우두머리로 자라날 수 있을 것이라고 믿었다. 싯다르타는 사람들에게 기쁨을 주었고, 모두가 싯다르타를 사랑했다. 특히 고빈다는 그 누구보다 싯다르타를 사랑했다.

그러나 정작 싯다르타는 자신에게 기쁨을 주지 못했다. 싯다르타는 내면에 불만의 싹이 자라기 시작했다. 그는 부모나 고빈다의 사랑이 자신을 영원토록 행복하게 해 주지 못할 것을 알았다. 또 한편으로 많은 스승의 지혜나 지식에서 정신적 만족을 얻지 못했다. 싯다르타의 영혼은 불안정했고, 그는 자신의 마음을 진정시킬 수가 없었다.

그런데 싯다르타는 이미 자기 존재의 내면 안에 불멸의 존재인 '아트만'이 있음을 알고 있었다. 여기서 아트만이란 인도의 경전 베다에 나오는 산스크리트어로 원래 호흡, 생명력을 의미한다. 특히 인도 철학에서는 인간의 영혼을 의미한다.

그는 내면 안에 아트만이 있음을 알고 있었지만 그 어디에서도 자신의 아트만을 찾을 수 없었다. 이것이 바로 싯다르타가 자신의 현재의 삶에 만족하지 못했던 이유다. 그렇다면 싯다르타는 어디에서 진정한 자신을 찾을 수 있을까? 그는 스스로에게 질문을 던졌다.

"그렇다면 아트만을 어디에서 찾을 수 있을까?"

"아트만의 영원한 심장은 어디에서 고동치고 있는가?"

"자아의 가장 내적인 것, 이 궁극적인 것은 도대체 어디에 있는가?"

"과연 나에게로, 아트만에게로 나아가는 다른 길이 있을까?"

자신에게 이르고자 했던 싯다르타

삶에는 두 가지 길이 있다. 첫 번째 길은 삶의 주인으로 살아가는 것이다. 이 길은 자신이 진정으로 원하는 삶을 사는 것이다. 두 번째 길은 삶의 노예로 살아가는 것이다. 이 길은 타인을 통해, 타인의 지식이나 말을 통해 자신의 삶을 살아가는 것이다. 많은 사람이 후자의 길을 걷고 있다.

우리는 왜 자신이 진정으로 원하는 삶을 살지 못할까? 왜 삶의 주인이 아닌 노예의 삶을 살고 있을까? 우리는 지금까지 자신의 존재의 의미와 가치에 대해 진지하게 생각해 볼 기회가 없었다. 어릴 때부터 본인의 의지와는 상관없이 부모나 학교, 사회에 의해 삶의 길이 결정됐기 때문에 내가 무엇을 좋아하는지, 내가 무엇을 해야 하는지 확신이 없었다.

"나는 내 꿈을 꾸며 살아요. 다른 사람들은 꿈을 꾸며 살지만 그들은 자기 꿈을 꾸지 않아요. 그게 바로 다른 점이랍니다."

〈우리 각자 고유의 삶〉

싯다르타는 삶의 주인으로 살고 싶어 했다. 그는 세상의 중심이 아닌 자신의 중심에 이르기를 원했다. 결국 싯다르타는 고빈다와 함께 참된 자아인 아트만을 찾아 길을 나선다. 두 젊은이는 사문의 길로 들어선다.

싯다르타는 사문들과 함께 생활하면서 하루에 한 끼만 먹었고 익힌 음식은 입에 대지도 않았다. 그는 28일 동안 단식을 하고 뼈만 앙상하게 남게 됐다. 싯다르타의 오직 하나뿐인 목표는 모든 것을 비우는 일이었다. 그는 마음속에 있는 모든 욕망과 충동을 억제하면 틀림없이 그의 존재 깊은 곳에 있는 아트만이 눈을 뜰 것이라고 생각했다. 그는 정좌를 하고, 호흡을 줄이거나 호흡을 아예 멈춰 버리는 방법을 배웠다.

또한 그는 사문들 가운데 최연장자의 가르침을 받아 자기 초탈 수련을, 침잠 수련을 했다. 스스로 한 마리의 왜가리가 되고, 썩은 고기가 되고, 돌이 되고, 나무가 되고, 물이 되어 봤다. 이러한 여러 가지 고행을 통해 많은 능력을 얻게 됐다.

하지만 싯다르타는 수천 번씩 자신으로부터 도망쳐 나오려고 시도했으나 매번 깨어나면 자아로 되돌아올 수밖에 없었다. 그는 윤회의 사슬을 벗어나지 못한 채 점점 갈증을 느꼈고, 그 갈증을 극복하려다 또다시 새로운 갈증을 느꼈다.

두 젊은이가 사문들과 수행한 지 어느덧 3년이 지났을 무렵에 세존 고타마가 자신의 내면에서 세상의 번뇌를 극복하고 윤회의 수레바퀴를 정지했다는 소문이 들려왔다. 그리하여 싯다르타와 고빈다는 고타마의 설법을 듣기 위해 그가 있는 곳으로 떠난다.

나 와 내 삶 의 의 미

그러나 싯다르타는 곧 고타마의 가르침 그 자체로부터 해탈에 이를 수 없다는 사실을 깨닫는다. 결국 고빈다만 남아 고타마의 설법을 듣고 승려의 길을 가게 되고, 싯다르타는 다른 길을 가기로 결심한다.

"그것을, 그러니까 바로 자기 자신의 자아 속에 있는 근원적인 샘물을 찾아내야만 하며 바로 그것을 자기 자신의 것으로 만들어야만 하는 것이다! 그 밖의 다른 모든 것은 탐색하는 것이요, 우회하는 길이며, 길을 잃고 방황하는 데 불과하다."

《싯다르타》

나는 나로부터 배울 것이다

싯다르타는 결국 완성자인 부처와 고빈다를 뒤에 남겨 둔 채 그곳을 떠나 다른 곳으로 다시 걷기 시작했다. 그는 어떤 다른 가르침이나 더 나은 가르침을 찾기 위해서 떠난 것이 아니라 스스로 해탈을 얻을 수 있는 구도자의 길을 찾아 나선 것이다. 진정한 깨달음은 가르침을 통해 아는 것이 아니라 스스로 깨우칠 수밖에 없다는 사실을 알게 된 것이다. 그는 아무리 부처라도 자신이 깨달은 시간에 무슨 일이 일어났는가를 남에게 전달할 수 없다는 사실을 깨우친 것이다. 그래서 그는 부처와 결별하지

않으면 안 됐다. 그래서 지금까지의 자신의 삶을 송두리째 바꿀
수 있는 길을 찾아 천천히 발걸음을 옮겼다.

그동안 싯다르타는 스승들에게서 자아를 극복하기 위한 수행
법을 배웠지만 오히려 자아로 되돌아올 뿐이었다. 그리고 자기
자신에 대하여 아무것도 모르고 있다는 생각이 불현듯 떠올랐
다. 싯다르타는 자신에게 그토록 낯설고 생판 모르는 존재로 남
아 있었던 것이다. 왜냐하면 싯다르타는 지금까지 외부에서 삶
의 해답을 찾고 있었기 때문이다. 그래서 이제 그는 어떤 베다
의 가르침도, 고행자의 가르침도, 그 어떤 가르침도 받지 않기로
결심한다.

"이제 다시는 요가 베다의 가르침도, 아타르바 베다의 가르침도,
고행자의 가르침도, 그 어떤 가르침도 받지 말아야지. 나 자신한테
서 배울 것이며, 나 자신의 제자가 될 것이며, 나 자신을, 싯다르타
라는 비밀을 알아내야지."

《싯다르타》

그렇다면 자기 자신에게 배운다는 것은 어떤 의미일까? 자기
자신에게서 배운다는 것은 삶의 주인이 되겠다는 의지를 표현
하는 것이다. 다시 말해 나로부터 배운다는 것은 다른 사람이
아닌 자기 자신이 중심이 되는 법을 배우는 것이다. 나는 헤세

가 말한 자신의 중심에 이르는 법을 다음과 같이 세 가지로 정리했다.

첫째, 자기 자신을 있는 그대로 바라보라.

우리가 불행한 이유는 자기 자신이 누구인지 모르기 때문이다. 그래서 헤세는 적어도 한 번은 스스로가 갖고 있는 판단 기준을 버리고 자기 자신을 있는 그대 바라봐야 한다고 말한다. 내가 누구인지 질문을 던지는 습관이 필요하다. 그래야 자신의 거짓된 겉모습 따위는 모두 버리고 자신의 욕망과 충동을 있는 그대로 바라볼 수 있다.

자기 자신을 있는 그대로 바라보기 위해서는 먼저 자기 자신을 다른 누구와도 비교하지 않아야 한다. 남들과 비교한다는 것은 삶의 주도권이 나에게 있지 않다는 의미다. 남과 비교하는 삶은 자존감 하락, 열등감 유발, 자기 비난으로 이어진다.

또한 남이 내리는 평가에 민감하게 반응하지 않아야 한다. 만약 누군가 당신의 결점을 말한다면 그 결점이 당신의 전부가 아니란 걸 기억하자. 타인의 비난과 비판은 개의치 말고 그냥 웃음만 띄우자. 삶의 주도권을 쥐려면 남의 생각이 내 생각이 되지 않게 해야 한다. 이 세상에 나와 똑같은 사람은 없다. 나는 나일 뿐이다. 남에게 보여 주기 싫은 나의 허물이나 흠도 고스란히 인정하고 받아들일 때 비로소 삶의 참다운 주인이 된다.

둘째, 다른 사람이 되려고 하지 마라.

우리가 지금의 자신과는 전혀 다른 사람이 되기를 바랄 때 다른 사람을 모방하려고 하는 경향이 있다. 다른 사람을 닮으려고 하는 행동은 지금의 자신을 부정하는 것과 같다. 다른 사람을 모방하는 내 모습이 내게 어울리지 않은 남의 옷을 입은 것처럼 어색해 보이고, 그 모습이 괴롭게 느껴질 것이다. 헤세는 이렇게 말한다.

"당신에게 어울리는 것을 추구하세요."

"자신이 진심으로 바라는 것을 깨닫고, 자신에게로 향하는 길을 걸으세요."

인생에서 직접 일궈 낸 일, 한 계단 한 계단 쌓아 올린 일, 몸으로 부딪치며 행한 일에 대해 자기만의 척도로 재야 한다. 남을 흉내만 낸다면 진짜 인생을 살아가는 것이 아니다. 나도 나 자신을 제대로 알지 못하는데, 어떻게 해서 남들이 나를 제대로 알 수 있을까?

"그대들은 내가 차라투스트라가 되는 것을 배운 것처럼, 그대들 자신임을 배워야 한다. 그대들은 타인이라는 것, 심지어는 아무것도 않거나, 타인의 목소리를 모방하거나, 타인의 얼굴을 자기의 얼굴

　　　　　　　　　　　　　　　　나와 내 삶의 의미

로 여기는 태도를 버려야 한다."

《차라투스트라의 귀환》

셋째, 외부의 명령이 아니라 오로지 그 내면의 소리에 귀를 기울여라.

우리 안에는 자신의 삶을 살라고 외쳐 대는 영혼의 소리가 있다. 하지만 대부분의 사람은 자기 안에서 흘러나오는 그 소리에 귀를 기울이기가 쉽지 않다. 왜냐하면 삶이 죽을 만큼 힘들고, 위태로운 절체절명의 순간에만 그 소리를 낼 뿐이기 때문이다. 고통스러운 일에만 신경 쓰느라 희미하게 들려오는 내면의 소리에 귀를 기울일 형편이 못 된다. 따라서 자신의 삶에서 가장 고통스러운 순간이 찾아올 때마다 외부가 아닌 내면의 목소리에 더 귀를 기울여야 한다.

"그 누구도 따르지 마라. 하지만 자기 안에서 흘러나오는 목소리는 따라라. 그 목소리가 무슨 이야기를 하는지 잘 알고 있다면 그대로 자신의 길을 걸어가면 된다. 그 목소리가 들리지 않는다면 그것은 그대가 자신의 길을 걷고 있지 않다는 증거다."

《차라투스트라의 귀환》

싯다르타와 고빈다는 이제 서로 다른 길을 걷는다. 싯다르타는 자아 속에 흐르는 근원적인 샘물, 즉 자신의 길을 찾아내 자기의 것으로 만들고자 한다. 반면에 고빈다는 불교에 귀의하여 타인을 따르는 길을 걷는다. 헤세는 《싯다르타》 작품 전체에서 싯다르타와 고빈다의 대비되는 길을 통해 어떤 길이 진정한 삶의 주인으로 살아가는 것인지를 제시한다.

누구나 세상의 중심이 될 수 있다. 세상에는 하나의 중심만이 있지 않다. 각자에게 자신만의 무게 중심이 있다. 따라서 자신의 중심에 이르는 길을 찾는 것이 중요하다. 만약 삶의 무게 중심을 내부가 아닌 외부에 둔다면 주변 환경의 변화에 휘둘릴 수밖에 없다.

"우리는 내면에 단단한 중심을 지니고 싶어 한다. 자신만의 무게 중심 말이다. 우리가 분주하고 어수선한 삶을 살게 만드는 그 무의미한 원심력에 휘둘리지 않으려면 중심을 잘 잡아야 한다."

<1948년 쿠르트 리흐디에게 쓴 편지>

헤세가 말한 삶의 중심축이란 무엇일까? 자신만의 중심을 잘 잡는 삶이란 어떠한 상황에도 흔들리지 않는 자유롭고 단단한 삶을 의미한다. 고대 로마 시대 후기 스토아학파 철학자였던 에픽테토스는 《엥케이리디온》에서 삶의 노예가 되지 않으려면 자

신의 힘으로 할 수 있는 일과 하지 못하는 일을 구별해야 한다고 말한다.

내가 스스로 통제할 수 있는 것은 내 마음뿐이다. 반면에 재산, 명예, 명성, 사회적 지위같이 내 의지만으로 얻을 수 없는 것들은 내가 통제할 수 없다. 따라서 자신의 힘만으로 얻을 수 없는 것들에 집착한다면 걱정과 불안에 시달리게 될 것이다. 안 되는 일에 마음을 쓰지 말자. 우리가 할 수 있는 일은 괴로운 상황이 지나갈 때까지 마음을 내려놓는 것이다. 나를 흔드는 건 내 마음뿐이다. 내면에 단단한 중심축을 지닌 사람만이 주변에 휘둘리지 않고 삶의 주도권을 온전히 지킬 수 있다.

삶의 주인으로 살아갈 것인지 아니면 삶의 노예로 살아갈 것인지는 자기만의 길을 걷고 있는지에 따라 결정된다. 진정한 나 자신으로 살지 못하는 이유는 자기 자신이 하나의 장애물이기 때문이다. 따라서 자신을 있는 그대로 바라보며 자신의 마음에 집중할 때 진정한 자신을 찾을 수 있다.

12

어떤 것에도 흔들리지 않는
법칙과 궤도를 가져야 한다

체험

싯다르타는 강가에서 만난 뱃사공 '바주데바'에게 강 건너로 데려다 달라고 부탁한다. 도시에 도착한 그는 유명한 기생 '카말라'라는 여인을 만나게 된다. 그는 카말라에게서 사랑을 통한 육체적인 쾌락에 눈을 뜬다. 또한 그는 카말라의 소개를 받아 상인 '카마스와미'에게 사업하는 법을 배워 많은 돈을 번다.

싯다르타는 카말라에게 사랑의 유희를 배우며 자신도 모르게 세속적인 삶에 동화되어 간다. 오로지 사색과 기다림, 단식이라는 세 가지 고상한 재주밖에 없었던 싯다르타는 이곳에서 향락적인 두 번째 장년의 삶을 시작한다. 그런데 싯다르타는 왜 이런 세속적 삶의 쾌락을 극단까지 맛보았을까? 싯다르타는 카말라에게 이렇게 말한다.

"대부분의 사람들은 말이야, 카말라. 바람에 나부껴 공중에서 이리
저리 빙빙 돌며 흩날리다가 나풀거리며 땅에 떨어지는 나뭇잎 같
은 존재야. 그러나 얼마 안 되는 숫자이긴 하지만 어떤 사람들은
하늘에 있는 별 같은 존재로서 고정불변의 궤도를 따라서 걸으며,
어떤 바람도 그들에게 다다르지는 못하지. 그들은 자기 자신의 내
면에 그들 나름의 법칙과 궤도를 지니고 있지."

《싯다르타》

세상의 평가와 기준은 답이 아니다

《싯다르타》라는 작품에서 주인공 싯다르타가 강을 건너는 것
에는 특별한 의미가 있다. 이는 싯다르타가 '정신을 추구하는 세
계'를 뒤로 하고 '현실적 삶을 추구하는 세계'로 나아가는 의미
다. 그는 완성자였던 세존 고타마처럼 되기 위해 세상의 어떤
풍파에도 흔들리지 않는 별과 같은 존재를 추구했다. 싯다르타
는 바람에 나부껴 떨어지는 나뭇잎 같은 존재를 경멸했다. 그래
서 싯다르타는 고빈다와 결별하고 홀로 자신의 내면에서 가르
침과 법칙을 찾기 위해 강을 건넌 것이다. 다시 말해 싯다르타
는 인생에서 큰 전환점을 맞이한 것이다.

그렇다면 어떻게 해야 인생의 전환점에서 자기 나름의 법칙과 궤도를 지닐 수 있을까? 싯다르타는 다음과 같이 세상을 바라보는 삶의 태도를 깨달았다.

첫 번째, 세상을 마음의 문을 열고 바라보라.

강을 건너기 전 싯다르타는 눈에 보이는 세계 너머 저편에 있는 본질적인 것들을 추구했다. 그래서 이 세계의 모든 것을 불신의 눈으로 바라봤다. 그러나 그는 이제 본질적인 것을 추구하지 않으며, 저편의 세계를 목표로 삼지 않았다. 이렇게 싯다르타는 무엇인가를 추구하지 않고 세상을 단순하게 바라보려 했다. 싯다르타는 눈에 보이는 이 세상에 의미를 부여한 것이다. 그러자 그의 눈에 이 세상이 아름답게 보였다.

우리는 각자가 줄 수 있는 만큼 삶에 의미를 부여할 수 있다. 삶을 다루는 방식은 지금 우리의 시선이 어디를 향하느냐에 따라 달라진다. 세상을 아무런 불신의 감정 없이 열린 마음으로 살아가느냐, 아니면 닫힌 마음으로 살아가느냐는 각자의 선택에 달려 있다. 만약 무엇이든 가능하다는 열린 마음을 선택한다면 모험적이고 창조적인 삶을 살 수 있다. 반면에 닫힌 마음, 닫힌 시선은 생명력을 잃은 삶으로 우리를 이끈다.

우리는 이미 오랜 세월 동안 늘 해 왔던 방식대로 살아가라는 거센 강요를 맞닥뜨렸거나 그렇게 해야만 한다는 강한 의무감

나와 내 삶의 의미

에 휩싸였다. 그래서 나에게 주어진 수많은 선택지를 마음껏 누리지 못했다. 무한 경쟁 사회에서 살아남기 위해 남들과 다른 삶이 아닌 남들과 비슷한 삶을 추구해야 한다는 압박감에 시달렸다.

하지만 이렇게 닫힌 마음으로 살아왔기 때문에 오히려 결과적으로는 타인과의 경쟁에서 밀려나고 말았다. 이때 필요한 삶의 태도가 바로 세상의 무한한 가능성을 탐색하고 포용하는 열린 마음을 장착하는 것이다. 싯다르타가 모든 가능성에 마음을 열고 강을 건넌 것처럼 지금껏 믿어 왔던 것들과 결별하는 시간이 필요하다. 인생의 전환점에는 그동안 내가 당연하게 생각해 왔던 모든 것에 물음표를 던져야 새로운 가능성이 열린다.

두 번째, 알 필요가 있는 것이라면 모조리 체험하라.

싯다르타는 고타마가 일찍이 도를 깨닫는 순간 체험했던 것들을 직접 겪고 싶었다. 그러니까 말로는 표현할 수 없으며 가르칠 수도 없는 바로 그것을 사색의 그물로 붙잡으려 했기 때문에 결코 발견할 수 없었다는 것을 깨달았다.

"알 필요가 있는 것이라면 모조리 알아야 한다고 그는 생각했다. 하나도 빼놓지 않고 몸소 맛본다는 것, 그건 좋은 일이야. 속세의 쾌락과 부는 좋은 것이 아니라는 사실을 나는 이미 어린 시절에 배

웠었지. 그 사실을 안 지는 오래됐지만 이제야 비로소 내가 그것을
직접 체험하게 되었군. 이제 나는 그 사실을 제대로 안 거야. 그 사
실을 단지 기억력으로만 아는 것이 아니라 나의 두 눈으로도, 나의
가슴으로도, 나의 위로도 알게 됐어. 그것을 알게 되어 정말 다행
이로군!"

《싯다르타》

삶에는 수많은 갈림길이 나타난다. 또한 삶은 얻기 힘든 소중
한 기회들도 가득 차 있다. 그런데 어떤 길로 걸어갈지 고민만
하다가 보면 머뭇거릴 수밖에 없다. 그러면 결국 어떤 길도 경
험할 수 없다. 중요한 것은 삶의 여러 길을 벗어나는데 머뭇거
리지 않는 것이다. 우리는 모든 것을 경험할 수 없기 때문에 하
나의 길을 선택해야 한다. 이때 다른 길에 미련을 갖기보다는
내가 선택한 길에서 충분한 경험을 한다고 생각해야 한다.

사람들은 스스로 삶에 대한 대답을 찾으려고 노력하지 않는
다. 무슨 인생의 정답이라도 딱 있는 것처럼 주위에 널려 있는
믿음을 그저 채택할 뿐이다. 진정한 모험을 생각하지 않는다.
구하지 않으면 찾을 수 없다. 만약 지금까지 해 왔던 방식대로
한다면 항상 같은 결과를 얻게 될 것이다. 삶의 문제들에 대한
답을 구할 때 기존의 방식에서 과감히 벗어나 새로운 시도를 해
야 한다.

"난 교육에는 관심이 없었지만 독학에는 늘 관심이 있었지요. 자신의 운명을 단련하라고 삶이 우리 손에 쥐어준 소질을 가지고, 개인적인 출신을 벗어나 초개인적인 목표를 세우고 긴장하며 노력하는 것, 인간상에서 지고한 것을 마음속에 이상으로 품고, 일상과 우연을 환상과 유머로 채우는 것. 이런 것을 나는 오늘날 나의 교육 실험의 내용이라고 부를 겁니다."

스스로 체험하고, 느끼고, 사유해야 세상에 대한 깨달음을 얻을 수 있다. 직접 경험한다는 것은 무언가 새로운 것을 발견하는 것이 아니라 늘 곁에 있었던 것으로 되돌아가는 길고 긴 과정이다. 그래서 싯다르타는 속세의 쾌락과 부가 결코 좋은 것이 아니라는 사실을 이미 어린 시절에 배웠음에도 그것을 직접 경험하고자 했던 이유가 바로 이것이다.

우리는 이미 가야 할 길의 방향을 안다

언젠가 싯다르타는 카말라에게 이렇게 이야기한다.

"당신의 내면에는 당신이 매순간마다 그 속에 파고들어가 편안하게 안주할 수 있는 고요한 은신처가 하나 있어."

하지만 사람들 대부분은 그런 은신처를 갖고 있는 것을 모른다. 여기서 싯다르타가 말한 은신처란 무엇일까? 그것은 누구에게 방해받지 않고 자유로울 수 있는 장소를 말한다.

헤르만 헤세는 1904년 첫 번째 부인 마리아 베르누이와 결혼한 후 독일 남부 가이엔호펜으로 이주한다. 그는 보덴 호수 부근의 작은 외딴 마을에 정착해 가정을 꾸리고 평화로운 삶을 즐

나와 내 삶의 의미

겼다. 헤세는 이 시절을 회상하며 이렇게 말했다.

"내게는 아내, 자식들, 집과 정원이 있었고, 책을 썼고, 사랑할
만한 시인으로 평가받았으며, 세상과 평화롭게 살았다."

1914년 제1차 세계 대전이 발발하자 헤세의 삶은 내적으로나
외적으로 완전히 달라진다. 헤세가 전쟁 반대자가 되어 평화를
호소하는 글을 취리히 신문에 실었다는 이유로 가혹한 비난을
받고 결국 조국과 결별하게 되었다. 또한 그의 아내가 정신병에
걸려 결혼 생활을 유지하지 못하게 되자 홀로 떠나게 된다.
　헤세는 이렇게 풍비박산이 난 삶으로 인한 고통으로 세상과
단절하고 도피하려 했다. 헤세는 사람이 없고, 걱정과 생각도 없
고, 편지나 전보, 신문도 없는 그런 은신처나 피난처를 어딘가에
서 찾았다.
　1919년 헤세는 독일 정부의 탄압을 피해 스위스 남부 몬타뇰
라로 홀로 이사한다. 그곳에서 그는 마침내 꿈에 그리던 삶의
안식처이자 은신처를 발견했다. 그러나 헤세는 예전부터 자신
만의 평화와 고독을, 잠과 꿈을 누릴 도피처를 외부가 아니라 내
면에서 찾고자 열망했다. 헤세는 외부에서 도피처를 찾는다고
해도 마음속 고통은 사라지지 않는다는 것을 깨달았다.

"나는 도피처를 내면에서 찾고 열망한다. 그것은 오직 자아만 존재하는 공간이나 점이다. 세계는 그곳에 이르지 못하고, 나만 혼자 둥지를 틀고 있다. 그곳은 산속이나 동굴보다 더 안전하고, 관이나 무덤보다 더 잘 숨겨져 있다. 그것이 나의 목표다."

〈도피처〉

누구나 고통스러울 때마다 파고 들어가 편안하게 쉴 수 있는 고요한 은신처가 있다. 우리는 바깥에서 안식처를 찾고 있지만 그것은 이미 우리 안에 존재한다. 기대와 실망감으로부터 자유로운 장소, 후회와 두려움으로부터 자유로운 장소, 불안과 걱정에서 자유로운 자리를 인간이면 누구나 태어나면서 갖고 있다. 그것은 바로 인간의 정신 또는 영혼이다. 스토아 철학자이자 로마 제국의 황제였던 마르쿠스 아우렐리우스는 《명상록》에 이처럼 말을 남겼다.

"사람들은 시골에서, 해변에서, 산속에서 자신을 위한 은신처를 찾는다. 그러나 이것이야말로 어리석기 짝이 없다. 너는 원하기만 하면 언제든지 네 자신 속으로 은신할 수 있다. 인간에게 자신의 혼보다 더 조용하고 한적한 은신처는 없다."

나름의 법칙과 궤도를 지닌 별과 같은 존재가 된다면 언제든

나와 내 삶의 의미

지 자기 자신 속으로 은둔할 수 있는 이유다.

자유란 무엇인가? 싯다르타가 추구했던 별과 같은 존재, 즉 고귀한 인간이 갖는 자부심이 자유일까? 아니면 마음껏 음식을 먹고, 술을 마시며, 장사를 해서 돈을 벌고, 권력을 휘두르고, 춤추는 삶이 자유일까?

싯다르타는 스스로 다른 사람들보다 더 뛰어난 존재라고 느꼈으며 그 무엇에도 거칠 게 없는 자유로운 영혼이었다. 그는 누구의 강요도 없이 자신의 기준에 따라 생각하고, 말하고, 행동하며 자유를 누렸다.

괴로움이 전혀 없는 평탄하기만 한 인생은 없다. 또 중요한 갈림길에 서서 갈팡질팡하거나 어려운 일을 당할 때 게임처럼 인생 지침이 되는 '만능 치트키' 같은 존재는 없다. 그저 무수히 많은 선택의 기로에 놓일 때마다 오롯이 자신만의 인생 궤적을 그려 나갈 수 있을 뿐이다.

인생을 누리는 가장 간단한 방법은 남들이 뭐라고 하든 내가 직접 삶을 체험하며 사는 것이다. 내가 추구해야 할 것이 무엇인지 스스로 선택해야 한다. 그래야 먼 훗날 지나온 날들을 돌이켜볼 때 후회하지 않는다. 인생은 눈 깜짝할 사이에 흘러가 버린다. 인생에서 중요한 것이 돈이든 명예든 권력이든지 간에 세상에 휘청거리지 말고 일단 마음이 내키는 대로 살아라. 그래야 인생 여정에서 걱정과 두려움을 떨쳐 버리고 흔들림 없이 앞으로 나아갈 수 있다.

나와 내 삶의 의미

13

삶은 스스로 부여한 만큼만
의미를 갖는다

의미

먹고사는 일에 매몰된 사람들은 돈 버는 것 외에 다른 것들을 하찮게 여긴다. 오직 돈 버는 일에만 매달리는 사람들은 자신도 모르는 사이에 뼛속 깊이 돈만 생각한다. 그래서 먹고사는 것에 보탬이 되는 일을 인생 최고의 가치로 삼는다. 이렇게 돈을 숭배하고, 돈 때문에 사는 인생이 되어 버렸다. 그래서 어릴 적부터 어떻게 하면 성공할 수 있을지, 얼마나 많은 돈을 벌 수 있을지가 인생의 목적이 됐다.

물론 인생길에서 멀리 나아가기 위해서는 돈도 필요하다. 자신이 선택한 분야에서 성공해 명성을 떨치는 것도, 남들이 부러워하는 높은 권력을 잡는 것도, 젊은 나이에 백만장자가 되는 것도 나름 보람된 삶일 수 있다.

"돈과 권력은 불신의 산물이다."

〈고집〉

하지만 돈이나 권력을 추구하는 삶이 반드시 행복할까? 우리가 추구해야 할 것들이 과연 돈이나 사회적 평판, 좋은 직업을 갖는 것에만 국한될까? 내면의 행복이 아닌 세속적인 가치만을 추구할 때 다른 문제점은 없을까? 우리는 돈, 명예, 권력 등이 죽음 앞에서는 한 줌의 재로 변해 버린다는 사실을 알아야 한다. 그렇다면 우리는 무엇을 추구해야 할까? 인생에서 정말 중요한 것은 무엇일까?

———

죽을 만큼 괴로운 절망에 빠진 싯다르타

누구나 살면서 한번쯤 절망이라는 감정을 경험하게 된다.

"절망이란 죽음에 이르게 하는 병이다."

덴마크의 실존주의 철학자 쇠렌 키르케고르는《죽음에 이르는 병》에서 절망에 대해 이렇게 말했다. 말 그대로 절망이라는

나 와 내 삶 의 의 미

병은 그 끝이 죽음이고, 또 죽음이 그 끝인 그런 질병이라는 것이다. 왜냐하면 모든 질병의 끝은 죽음인 반면에 절망은 그 고통으로 죽으려 해도 죽을 수 없기 때문이다. 그래서 키르케고르는 오히려 절망의 가장 큰 고통은 이처럼 죽으려 해도 죽을 수 없는 무능력이라고 말한다.

싯다르타는 오랫동안 속세의 삶 속에서 부유함, 환락, 권력을 맛보았다. 그는 많은 것을 배우고 경험했지만 결국 그의 삶에 무사 안일한 권태로움과 나태함이 뚫고 들어왔다. 고빈다와 작별한 후 시작했던 그의 새로운 삶도 이제 낡아빠지게 됐다. 흘러가는 세월과 더불어 색깔과 광택도 잃어버렸다. 지치고 지겨운 삶이 엷은 안개처럼 그의 주변에 드리웠다. 그는 쾌락, 욕구, 태만이라는 세상의 덫에 사로잡힌 것이다.

돈의 노예가 된 싯다르타는 결국 엄청난 판돈을 가차 없이 걸고 도박에 빠지게 됐다. 도박으로 수 천금을 모조리 잃고, 귀중품을 잃고, 시골의 별장을 잃었다. 그는 이렇게 노름꾼이 되어버린 자기 자신을 증오했고, 자신의 처지를 비웃었다. 세속적인 삶을 두루 체험한 싯다르타는 결국 깊은 비애감과 자신의 인생이 무가치하고 무의미하다는 생각에 절망에 빠졌다. 그는 마음속으로 죽음을 느꼈으며 자신이 걸어온 전체 인생 항로를 다시한번 되돌아봤다.

"도대체 언제 어느 때 행복이라는 것을 체험해 보았는가?"

"도대체 언제 진정한 환희를 맛보았던가?"

삶의 무의미에서 벗어나는 법

절망에서 벗어나려면 먼저 자신이 절망에 빠져 있다는 사실을 인지해야 한다. 절망에 빠지는 것은 흔한 일이다. 절망의 대상은 무엇일까? 키르케고르는 '그 무엇인가에 절망할 때 그는 사실 자기 자신에게 절망한 것'이라고 말한다. 우리는 절망한 자신으로부터 벗어나고 싶어 한다.

하지만 자기 자신이 절망에 빠져 있는 사실조차 모르는 사람들이 많다. 키르케고르는 자신이 절망에 빠져 있는지 모르는 사람이 가장 위험하다고 말한다. 절망에 빠졌다는 사실을 모른다고 해서 절망이 없어지지 않는다. 그렇다면 어떻게 해야 절망의 구렁텅이에서 벗어날 수 있을까? 어떻게 무의미한 삶에서 벗어날 수 있을까?

첫째, 절망적인 순간을 받아들여라.

절망의 고통에 매여 있는 자신을 관찰할 때 절망에 휘둘리지 않을 수 있다. 절망에 머물러 있는 사람은 절망적인 순간을 받아들여야만 스스로 고통스러운 상황에서 벗어날 수 있게 된다.

이것은 절망의 두 가지 기능으로 설명할 수 있다. 절망은 나를 나락의 구렁텅이에 떨어뜨려 좌절감을 맛보게 한 다음 내가 다시 새로운 삶을 살아갈 용기를 선사하기도 하고, 내가 진정으로 원하는 길로 안내하는 역할을 하기도 한다. 따라서 싯다르타가 절망적인 순간을 받아들이고, 절망에서 도망쳐 다시 새로운 삶을 추구할 수 있었던 것이다. 싯다르타는 자신의 정원을 떠나 자살을 선택하려던 순간에 이르러 이렇게 말한다.

> "내가 절망을 체험하지 않으면 안 되었고, 모든 생각들 중에서 가장 어리석은 생각, 그러니까 자살할 생각까지 품을 정도로 나락의 구렁텅이에 떨어지지 않으면 안 되었던 것은 자비를 체험할 수 있기 위해서였으며, 다시 옴을 듣기 위해서였으며, 다시 올바로 잠을 자고 올바로 깨어날 수 있기 위해서였어."

《싯다르타》

둘째, 나의 절망을 진정으로 사랑하라.

삶이 무의미한 순간에 대부분의 사람은 습관적으로 자기 자신을 비판한다. 이제 자기에 대한 비판을 모두 내려놓아야 한다. 그렇지 않으면 결국에는 자기혐오로 이어져 우리의 영혼을 움츠리게 만든다. 원망, 비난, 죄책감, 후회 같은 부정적인 감정에 사로잡혀 자신을 소모하지 않아야 한다.

나의 절망을 증오하는 대신 정말로 사랑해야 한다. 그래야 자긍심이 생긴다. 싯다르타는 오랫동안 쾌락과 권력, 돈과 노름에 탐욕스러운 자가 될 수밖에 없었던 자기 자신을 증오했다. 하지만 이제 그는 자신에 대해 증오심을 품는 일을 그만뒀다. 그 우매하고 황량하기 짝이 없는 생활에 종지부를 찍은 것을 칭찬했으며 자신에 대해 뿌듯한 기쁨을 느꼈다.

"우리는 의미 있는 삶을 살고 싶어 해요. 하지만 삶은 우리 스스로 부여하는 만큼만 의미를 지녀요. 이런 이야기는 모두 하나로 통해요. 바로 삶은 사랑을 통해서만 의미를 얻는다는 것. 즉 우리가 더 많이 사랑하고 자신을 내줄수록 우리의 삶은 더 의미가 있다는 말입니다."

<1956년 마리안네 베델에게 쓴 편지>

셋째, 희망으로 절망을 대체하라.

우울, 절망, 걱정과 두려움 같은 부정적인 감정으로 삶의 의욕을 잃었을 때 희망은 삶 자체에 대한 욕구를 회복시키는 존재다. 절망 속에는 희망이라는 단어가 들어 있다. 그래서 모든 절망을 녹여 희망으로 바꿔야 한다. 다시 말해 절망에 빠진 과거의 자신을 버리고 죽음으로써 새로운 나로 태어날 수 있다는 의미다.

나 와 내 삶 의 의 미

"나는 절망이 은총으로 바뀌고 삶의 껍데기를 깰 때 새로운 변화가
일어나는 것을 자주 체험했다."

<언제나 새롭게>

강물 속에 빠져 죽으려 했던 싯다르타는 갑자기 영혼을 일깨
우는 내면의 소리를 듣고 자신이 어리석은 행동을 하고 있었다
는 걸 깨달았다. 싯다르타는 흘러가는 강물에 깊은 사랑을 느꼈
다. 고요하지만 끊임없이 흘러가는 강물에서 그는 새로운 싯다
르타로 태어날 수 있다는 희망을 얻게 됐다. 피곤에 지치고 절
망에 빠진 탕아 싯다르타, 탐욕자 싯다르타와 같은 옛 싯다르타
는 강물 속에 빠져 죽었다.

우리는 절망스러운 상황에서 소극적인 사람이 될 수도 있고,
적극적인 사람이 될 수도 있다. 소극적인 사람은 자기 연민이나
비관론에서 쉽게 벗어나지 못하고 절망을 오히려 안락한 피난
처로 삼는다. 반면에 적극적인 사람은 절망을 극복 대상으로 삼
는다. 오히려 자신의 삶을 헝클어뜨린 절망이 자신의 삶에 어떤
의미인지를 되새긴다.

"원하는 것을 강제로 손에 넣고, 온갖 쾌락을 탐하고, 가질 수 있는
재물을 최대한 모았다고 해도 우리의 마음은 공허로 가득할 뿐이

다. 우리가 정말로 원하는 것은 삶의 의미이기 때문이지."

<1933년의 편지>

　헤세는 삶의 의미를 발견하기란 쉽지 않고, 그래서 인생의 의미는 자신의 삶을 진지하게 살아감으로써 스스로 부여하는 것이라고 말한다. 가장 중요한 것은 삶이 의미가 있느냐 없느냐가 아니라 자신에게 주어진 한 번뿐인 삶을 어떻게 사느냐. 인생이 무의미하게 느껴지더라도 고뇌하면서 자기 나름의 의미를 조금씩 찾아 나가야 한다.

14

우리가 겪을 수 있는
유일한 순간은 현재뿐이다

시간

"최고의 선은 물과 같다."

노자의《도덕경》8장 첫머리에 '상선약수(上善若水)'라는 유명한 구절이 나온다. 노자는 만물의 근원인 '도'를 물에 비유하면서 물처럼 살기를 요구한다. 물처럼 산다는 것은 어떤 의미일까? 노자는 물은 만물을 이롭게 한다고 생각했다. 물이 없다면 그 삶을 유지할 수 있는 어떠한 생명체도 존재할 수 없기 때문이다. 또한 물은 그 어떤 것과도 다투지 않고, 오히려 모든 사람이 싫어하는 낮은 곳으로 흘러간다.

젊은 시절 싯다르타는 강을 건너게 도와줬던 뱃사공 바주데바를 다시 만난다. 싯다르타는 지금까지 자신이 살아온 인생과 절망의 순간을 바주데바에게 이야기했다. 바주데바는 싯다르타가 하는 말을 하나도 빠뜨리지 않고 온 마음을 다해 진지하게 들어 줬다. 싯다르타는 그런 그에게 남의 말을 귀담아 듣는 법을 배우고 싶다고 말했다. 그러자 바주데바는 이렇게 답했다.

"남의 말을 귀담아듣는 것을 나에게 가르쳐 준 것은 강이었어요. 당신도 강으로부터 그것을 배우게 될 거예요. 그 강은 모든 것을 알고 있어서 우리는 강으로부터 모든 것을 배울 수 있지요. 보세요, 당신도 이미 강물로부터 아래를 향하여 나아가는 것, 가라앉는 것, 깊이를 추구하는 것이 좋은 일이라는 것을 배웠어요. 부유하고 고귀한 신분의 싯다르타가 '노 젓는 천한 사람이 되리라', '학식 높은 바라문인 싯다르타가 뱃사공이 되리라'는 말도 강이 당신에게 들려준 것이지요. 당신은 다른 것도 강으로부터 배우게 될 거예요."

《싯다르타》

삶을 살아가는 태도에는 두 가지가 있다.

첫째, 삶과 투쟁하며 대항하려는 태도다.

무엇인가를 얻기 위해 분투하는 삶, 또는 어떤 존재가 되기 위한 목표 지향적인 삶을 의미한다. 특히 무한 경쟁 사회에서 살

나와 내 삶의 의미

"시간을 중요하게 생각하고 분초를 다투는 것이 삶에서 가장 중요한 원동력이라고 생각하는 태도는 기쁨의 가장 위험한 적이다. 여기서 수많은 표어가 만들어진다. 그렇게 해서 얻을 수 있는 만족은 점점 더 커지지만 기쁨은 점점 더 줄어든다."

아남기 위해서 우리는 온 힘을 다해 삶에 대항할 수밖에 없다. 따라서 이러한 삶은 피할 수 없는 고통이 따르기 마련이다.

둘째, 삶은 인생을 흐르는 강물처럼 그 자체로 흘러가도록 내 버려 두는 태도다.

이것은 흐름에 따라 살아가는 삶이다. 애써 도달할 장소도 필요 없다. 성취해야 할 목표도 없고, 애써 이길 대상도 전혀 없다. 이러한 삶이 노자가 말한 물처럼 사는 삶과 같다.

그런데 왜 우리는 삶의 흐름에 자신을 내맡긴 채 살지 못할 까? 현재 이 순간이 고통스러운 이유는 무엇일까?

─────

시간은 그저 흐를 뿐이다

우리 삶은 시간의 지배를 받는다. 인간이면 누구나 시간 속에서 태어나고, 시간이라는 흐름 속에서 살다가 시간 속에서 생을 마감한다. 우리는 시간이 '과거, 현재, 미래'의 순서로 있으며 이 것이 일직선으로 흐른다고 믿는다. 과거란 현재보다 앞선 시간이며, 미래는 현재를 기준으로 뒤에 놓인 시간이다. 그렇다면 시간이 직선적으로 흐른다는 것은 어떤 의미일까?

시간이 흐르면서 모습이 달라지기 때문에 과거의 나와 현재의 나는 같지 않다. 세상의 모든 것은 시간이 흐르면 변한다. 어떤 사람도 흘러간 시간을 되돌릴 수 없다. 아무리 부자라고 해도 돈으로 흘러간 시간을 살 수는 없다.

시간의 흐름은 결코 멈추지 않는다. 오히려 매순간마다 예기치 않은 변화가 발생하기 때문에 삶은 불확실하고 불안정할 수밖에 없다. 또한 한번 지나간 삶은 돌이킬 수도 없고, 아직 오지 않은 미래를 내다볼 수도 없다. 그래서 우리가 되돌릴 수 없는 과거의 일들에 후회와 원망을 느끼거나 다가올 불확실한 미래에 대한 걱정을 느끼는 것이다. 따라서 우리가 만든 후회, 원망, 걱정, 두려움 같은 모든 고통의 근원이 바로 시간이다.

싯다르타는 뱃사공 집에 머물면서 나룻배를 다루는 법을 배웠고, 강으로부터 많은 것을 배웠다. 그는 '시간이란 존재하지 않는다'는 비밀을 강물로부터 배웠다. 그는 인간이 시간을 극복한다면 이 세상에 있는 모든 힘겨운 일을 극복할 수 있다는 것을 깨달았다. 그는 바주데바에게 이렇게 묻는다.

"일체의 번뇌의 근원이 시간 아니고 도대체 무어란 말인가?"

"자신을 괴롭히는 것도, 두려워하는 것도 그 근원은 모두 시간 아니고 도대체 무어란 말인가?"

"그렇다면 인간이 그 시간이라는 것을 극복하는 즉시, 인간이 그 시간이라는 것을 없는 것으로 생각할 수 있는 즉시, 이 세상에 있는 모든 힘겨운 일과 모든 적대감이 제거되고 극복되는 것이 아닌가?"

지금 이 순간만을 살아야 한다

중세 기독교 역사상 가장 위대한 사상가 성 아우구스티누스는 그의 《고백록》에서 이렇게 묻는다.

"과거는 이미 지나가서 지금은 존재하지 않고, 미래는 아직 오지 않아서 지금은 존재하지 않는데, 과거와 미래라는 이 두 종류의 시간이 어떻게 존재할 수 있는 것입니까?"

그는 삶을 과거, 현재, 미래로 나누어 생각하는 것은 착각이라고 이야기했다. 과거와 미래는 우리 생각 속에만 존재할 뿐 실제로 있는 것이 아니라는 것이다. 또한 현재라는 시간 역시 현재라고 말하는 순간 이미 지나가 없어져 버려 존재한다고 말할 수 없다. 따라서 시간이란 존재할 수 없다. 헤세도 《클라인과 바그너》에서 정신이 발명한 것 중 하나가 바로 시간이라고 말한다.

그렇다면 진정으로 존재하는 것은 무엇일까? 인생은 마치 수많은 순간으로 이루어져 있는 것처럼 보인다. 하지만 삶에 변함

없이 존재하는 것은 오직 하나다. 바로 '현재 이 순간뿐'이다. 언뜻 보면 우리는 현재 이 순간보다 분명히 존재하지 않는 시간인 과거와 미래에 오히려 더 집착한다. 어느 날 한번은 싯다르타는 바주데바에게 이렇게 묻는다.

"당신도 그 비밀, 그러니까 시간이란 존재하지 않는다는 그 비밀을 강물로부터 배웠습니까?"

삶은 시작도 없고 끝도 없이 흐르는 강물과 같다. 강물이 어디에서나 동시에 존재하고 있듯이 시간은 과거에서 현재를 거쳐 미래로 흐르는 것이 아니다. 싯다르타는 강물에 비친 삶의 모습을 보고 과거, 현재, 미래가 동시에 존재하는 것을 깨달았다. 다시 말해 순간들의 '현존'만이 유일하게 존재하는 시간이다. 따라서 우리를 옭아매며 끊임없이 되풀이되는 고뇌에서 벗어나기 위해서는 현존하는 이 순간이 얼마나 소중한지를 깨달아야 한다.

싯다르타는 강에는 현재만이 있을 뿐 과거라는 그림자도, 미래라는 그림자도 없다는 사실을 배웠다. 이제 그는 자신의 인생이 한 줄기 강물과 같다는 사실을 깨닫고 자신의 인생을 다시 바라보게 됐다. 소년 싯다르타는 장년 싯다르타와 노년 싯다르타로부터 단지 그림자에 의하여 분리되어 있을 뿐 진짜 현실에 의하여 분리되어 있는 것이 아니라는 사실을 말이다.

인생은 사실 수많은 순간의 조각이 모여서 이루어진다. 따라서 현재 이 순간에 어떤 생각을 하고, 무엇을 하고 있으며, 어떤 감정을 소유하고 있는지가 중요하다. 그런데 많은 사람이 현재 이 순간을 편안히 지내지 못한다. 헤세는 두 가지를 조언한다.

첫째, 오로지 지금 해야 하는 일에 집중하라.

헤세는 진실로 자유로워지고 싶다면 시간이라는 관념을 깨끗이 버리라고 말한다.

"과거는 이미 지나간 일이야. 그리고 아직 내일이 안 됐잖아."

《클라인과 바그너》

오로지 자신이 지금 해야 하는 일에만 집중하라는 말이다. 무언가를 기다리지 말고 곧바로 해야 한다.

둘째, 모든 순간에 자신의 권리를 부여하라.

"내일 우리에게 무슨 일이 닥칠지 모르는 불안감 때문에 우리는 오늘을, 현재를, 그리하여 현실을 잃어버린다. 오늘, 이날, 이 시간, 이 순간에 자신의 온전한 권리를 부여하라!"

〈1960년대 마들론 뵈머에게 쓴 편지〉

현재 이 순간이 주는 아름다움을 느낄 수 있어야 한다. 그러기 위해서는 모든 것을 내려놓을 줄 알아야 한다. 인생의 모든 가능성은 과거나 미래가 아닌 현재 이 순간에 있다.

인생을 잘 사는 가장 간단한 방법은 현재의 감정에 충실하는 것이다. 과거에 일어난 일에 너무 침울해 하지 않고, 일어나지도 않은 일에 대해 미리 걱정하지 않는 것이 인생을 잘 살아가는 태도다. 물론 현재에 집중하라는 말이 과거에 일어났던 일들을 완전히 망각하거나 앞으로 아무런 계획 없이 살라는 의미가 아니다. 다만 현재 내게 주어진 시간을 이미 지나간 일과 불확실한 미래 때문에 필요 이상으로 허비하지 말라는 것이다.

인생은 미완성 작품이다. 나의 인생이 어떤 작품이 될 것인지는 지금은 알 수 없다. 인생은 전체로 봐야 하기 때문에 작품의 후반부, 즉 인생의 후반부에서 알 수 있다. 따라서 누구도 죽기 전까지는 인생이라는 작품 전체를 볼 수도 없고, 전체를 소유할 수도 없다는 사실을 깨달아야 한다.

현재 이 순간에 어떤 모습을 하고 있는지가 아니라 어디를 향해 나아가고 있는지가 중요하다. 다시 말해 결과에 대해 너무 심각하게 생각하지 말라는 것이다. 각자의 삶은 인생이라는 작품의 마지막 책장을 덮는 순간에 평가할 수 있다. 그러니 인생이 내 맘대로 흘러가지 않는다고 너무 속상해 하지 말자. 인생은 계획한 대로 흘러가지 않는다. 마치 강물이 그 스스로 흘러 가듯이 시간의 흐름 속에 삶을 내맡겨 보자. 그러면 순간 속에서 영원을 발견할 수 있을 것이다.

15

비교는 버리고
그 자체로 바라보라

구도

중국의 도가 철학자 장주의 《장자》〈천도〉 편에는 수레바퀴를 만드는 '윤편'이라는 장인과 그의 주인인 제나라 '환공'이 나눈 이야기가 나온다. 환공이 당상에서 책을 읽고 있었다. 그때 당상 아래에서 수레바퀴를 깎고 있던 윤편이 환공에게 질문했고, 두 사람의 대화가 시작됐다.

"전하께서 읽고 계신 책은 무엇을 기록하고 있습니까?"
"성인의 말씀이니라."
"그 성인이 지금 살아 계십니까?"
"이미 돌아갔다."

"그렇다면 전하께서 읽고 계신 것은 옛사람의 찌꺼기이군요."

수레바퀴나 만드는 장인 따위가 한 말에 벌컥 화가 난 환공은 윤편에게 '자신이 납득하도록 설명하지 못한다면 죽음을 면치 못할 것'이라고 말한다. 윤편은 자신이 수레를 깎을 때의 경험을 이야기하기 시작한다.

"수레바퀴 통의 구멍을 너무 많이 깎으면 헐거워서 견고하지 못하고, 덜 깎으면 빡빡해서 들어가지 않습니다. 더 깎을 것인지 덜 깎을 것인지는 손짐작으로 터득하여 마음으로 수긍할 뿐입니다. 거기에는 차마 입으로는 말할 수 없는 어떤 비밀이 있어 제 아들에게도 일러 주지 못했습니다. 마찬가지로 책을 쓴 옛사람도 그가 전해 줄 수 없는 그 무엇과 함께 죽어 버리는 것이지요. 전하께서 읽고 있었던 것이 옛사람의 찌꺼기일 뿐인 이유입니다."

그렇다면 장자는 윤편 이야기를 통해 왜 책을 옛사람들의 찌꺼기에 불과하다고 말한 것일까? 그는 세상 사람들이 '도(道)'를 얻기 위해 그것이 기록되어 있는 책을 소중히 여기고 있다고 말한다. 하지만 아무리 좋은 내용을 담고 있는 책이라도 도의 참모습을 말과 글로는 표현할 수 없어서 읽는 사람 또한 그것을 터

나와 내 삶의 의미

득할 수 없다는 것이다. 그럼 우리는 진정한 삶의 지혜를 얻을 수 없을까? 어떻게 해야 참다운 지혜를 얻을 수 있을까?

평생 계율을 실천하며 살았던 고빈다의 목마름

젊은 시절 고타마의 가르침 그 자체로 해탈의 경지에 이를 수 없다는 것을 깨달은 싯다르타가 홀로 구도자의 길을 떠난 후 많은 세월이 흘렀다. 그 당시 자신의 분신과도 같았던 친구 고빈다는 평생을 계율에 따른 생활을 했으며 많은 젊은 승려로부터 존경을 받았다.

하지만 고빈다는 여전히 마음속에서 불안함과 구도의 불길이 꺼지지 않았다. 어느 날 강가에서 고빈다는 싯다르타를 다시 만나게 된다. 그는 싯다르타에게 지금까지 어떤 사상이나 교리를 찾아냈는가를 묻는다. 싯다르타는 이렇게 대답한다.

"이보게 고빈다, 내가 얻은 생각 중의 하나는 바로 지혜는 남에게 전달될 수 없다는 사실이네. 지혜란 아무리 현인이 전달하더라도 일단 전달되면 언제나 바보 같은 소리로 들리는 법이야."

《싯다르타》

싯다르타는 지식은 전달할 수 있지만 지혜는 전달할 수가 없다고 말한다. 다시 말해 지혜는 찾아낼 수도, 체험할 수도, 지니고 다닐 수도 있으며 지혜로써 기적을 행할 수도 있지만 지혜를 말하고 가르칠 수는 없다. 진정한 구도자가 되기 위해서는 책이나 경전에서 얻은 지식이 아닌 스스로 경험하는 삶에서 무언가를 깨닫는 것이 중요하다.

그렇다면 우리는 어떻게 해야 지혜를 찾아낼 수 있을까? 어떻게 해야 진정한 구도자의 모습으로 살아갈 수 있는가? 어떻게 해야 참된 구도자의 길을 걸을 수 있을까?

첫째, 내 안에 이미 참모습이 깃들어 있다.

가장 먼저 할 일은 우리 안에 이미 존재하고 있는 참모습을 인식하고, 그것에 관심을 기울이는 것이다. 참자아의 열쇠는 자각하고 의식하는 것이라는 사실을 잊지 말아야 한다. 그리고 의식적인 자각에는 훈련과 인내가 필요하다. 충분한 시간을 필요로 한다.

우리는 다른 사람에게 인정받는 데 전전긍긍하며 살고 있다. 당신의 가치를 판단할 수 있는 존재는 오직 당신 자신뿐이며 남이야 어떻게 생각하든 당신의 목표는 위대한 자신의 가치를 자기 안에서 발견하는 것이다. 그래서 싯다르타는 고빈다에게 우리 내면에는 지금 그리고 오늘 이미 미래의 부처가 깃들어 있다고 말한 것이다.

"아무도 다른 사람에 대하여 그 사람이 스스로의 인생행로에서 얼마만큼 나아간 경지에 있는가를 감히 이러쿵저러쿵 말할 수는 없네. … 과거에 존재했던, 현재 존재하고 있는, 그리고 미래에 존재할 모든 생명을 동시적인 것으로 볼 수가 있어."

《싯다르타》

둘째, 자신의 운명과 싸우는 일을 그만둬라.

자신의 참다운 모습을 발견하기 위한 길로 나아가기 위해서는 삶이 주는 문제들을 억지로 해결하려고 하지 말아야 한다. 운명은 어느 면에서는 모든 것이 이미 결정된 것 같기도 하면서 또 다른 면에서 정해져 있지 않기도 하다. 우리가 이 세상에 태어난 것은 우연한 사건에 불과하다. 이렇게 우연히 운명 지어진 것들에 너무 연연하지 말아야 한다. 주어진 운명과 싸우는 일에 에너지를 낭비한다면 자신의 본질적인 것을 발견하지 못한다.

"자신의 운명을 더 이상 밖으로부터 받아들이지 않고 자신의 내부에서 호흡으로 받아들이라."

<1918년 10월 4일의 미공개 편지>

운명적인 것들에 집착할수록 결정론자나 숙명론자가 되어 아무것도 하지 않게 된다. 그래서 우리가 진정으로 원하는 것을

얻기 위해서는 삶을 당연한 것으로 받아들이지 말아야 한다.

마침내 완전한 경지에 오른 싯다르타

싯다르타는 젊은 시절에 자신만의 궤도와 법칙을 소유한 별 같은 존재이기를 원했다. 그는 바람에 흔들려 떨어지는 나뭇잎 같은 존재들을 경멸하면서 우월감을 가졌다. 하지만 뱃사공이 된 싯다르타는 아들이나 딸을 데리고 다니는 많은 여행자를 바라보며 부러움을 감출 수 없었다. 많은 사람이 애정으로 가득한 행복을 누리고 있었지만 자기는 그렇지 못한 운명에 괴로웠다.

싯다르타는 지금까지 자신의 삶에 중요성을 부여하는 법을 배우지 못했다. 오히려 자신에게, 아내에게, 자식들에게, 돈이나 명예에, 여러 계획이나 희망에 홀딱 반해 있는 어린애 같은 사람들을 경멸했고 불쾌한 태도를 보였다. 하지만 싯다르타는 다시 만난 카말라가 독사에 물려 죽고, 도망간 아들로 인해 오랫동안 괴로워한 후에야 어린애 같은 인간들을 이해했고 형제애를 느꼈다.

이제 싯다르타는 삶에 집착하지 않고 초연할 수 있게 됐다. 그는 자신이 지금까지 관능적인 쾌락, 재물에 대한 욕심과 허영심, 가장 수치스러운 절망의 상태마저도 필요로 했다는 것을 깨달았다. 그것은 이 세상을 혐오하는 일을 그만두기 위해서였다.

그는 더 높은 차원의 사랑으로 나아가기 위해 이제야 이 세상을 있는 그대로 사랑할 수 있게 됐다. 싯다르타는 이제 완성된 경지에 이르려 그에게 무엇보다도 중요한 것이 '사랑'임을 깨달았다. 행복이 오는 길에 이름이 있다면 그것은 언제나 사랑이다. 그가 세상을 있는 그대로 사랑하는 방법은 다음과 같다.

① 이 세상을 속속들이 들여다보지 말고 그 자체로 사랑하라.
② 이 세상을 경멸하거나 업신여기지 말라.
③ 이 세상과 나를 미워하지 않아야 한다.
④ 이 세상과 나와 모든 존재를 사랑과 경탄하는 마음과 외경심을 가지고 바라보라.

헤세는 '내가 살아가는 방식이 과연 올바른가?'라고 묻지 말고 '나는 그럼에도 삶을 아름답게 만들기 위해 무엇을 해야 하는가?'라고 물어야 한다고 말했다. 살아가는 방식이 올바른가에 대한 대답은 존재하지 않기 때문이다.

"내일에게는 아무것도 요구하지 않고, 오늘에게는 오늘이 가져다주는 것을 감사히 받아들일 때에만 행복이 존재하죠."

<1922년경 올가 디너에게 쓴 편지>

행복은 애초부터 돈으로 살 수 없다는 이야기를 누구이 들었다. 하지만 사람들은 돈을 많이 벌면 행복해질 것이라고 생각해 무작정 돈을 쫓는다. 지금부터 100년이 지난 후에는 현재 내가 얼마나 많은 돈을 벌었고, 얼마나 좋은 직업을 갖고 있었고, 얼마나 비싼 집에 살았는지를 기억해 줄 만한 사람은 없다. 그때가 되면 나를 사랑하고 기억해 줄 가족들, 친구들, 직장 동료들 모두 죽고 이 세상에서 사라질 것이다. 이 사실을 깨닫는다면 내가 얻으려고 했던 모든 것이 얼마나 부질없는지 알게 된다. 또 그때가 되면 내가 소유했던 모든 존재 역시 사라질 것이다.

사람들은 오래전부터 행복을 삶의 목적으로 생각해 왔다. 어딘가에서 행복을 발견할 수 있다고 믿고 행복을 찾느라 여념이 없다. 우리는 행복을 뒤쫓을 뿐 진정한 행복에 닿기란 쉽지 않다. 행운의 네잎클로버를 찾기 위해 수많은 행복의 세잎클로버를 짓밟고 서 있는 줄도 모른다. 중요한 것은 바깥에서 찾는 행복이 바로 우리 안에 있다는 사실이다.

그대가 행복을 추구하고 있는 한
그대는 언제까지나 행복해지지 못한다.
가장 사랑하는 것을 손에 넣을지라도.

잃어버린 것을 한탄하고

　　　나 와 내 삶 의 의 미

목표를 가지고 초조해하는 한

그대는 아직 평화가 무엇인지 모른다.

그대는 모든 소망을 단념하고

목표와 욕망도 잊어버리고

행복을 입 밖에 내지 않을 때

그때에야 세상의 거친 파도는 그대 마음에 미치지 않고

그대의 영혼은 비로소 쉬게 된다.

시 〈행복〉

4장

내게 주어진
의무는
행복하게
사는 것뿐이다

_____

《유리알 유희》에서 찾은 긍정

내 마음에서 흘러나오는
목소리만 따라가라

소명

"삶은 각자에게 저마다 다른 과제를 부여합니다."

〈레오폴트 마르크스에게 쓴 편지〉

아무도 쓸모없는 인간으로 태어난 사람은 없다. 아무리 하찮아 보이고 가난한 사람일지라도 가치 있는 삶을 꾸려 나갈 수 있다. 누구나 삶에서 쓸모 있는 사람이 될 수 있다는 것이다. 다만 자신에게 맞는 적절한 위치와 저마다 주어진 과제를 받아들이고 실현하려 노력할 때만 가능하다. 헤세는 쓸모 있는 인간에게는 고귀하고 신성한 무언가가 빛나고 있다고 말한다. 헤세가 이야기한 그 무언가란 삶이 각자에게 저마다 부여한 '소명'이나 '사명'을 의미한다.

작은 도시 베롤핑엔의 라틴어 학교에 다니던 요제프 크네히트는 음악적 재능이 뛰어난 소년이었다. 어느 날 그는 음악 교사의 추천으로 카스탈리엔의 음악 명인을 만난다. 크네히트가 카스탈리엔의 영재 교육을 받을 수 있는지를 평가하기 위한 자리였다. 크네히트의 재능을 인정한 음악 명인의 추천으로 그는 카스탈리엔에서 가장 큰 에쉬홀츠 영재 학교에 입학한다. 음악 명인과의 만남은 크네히트의 인생에서 하나의 뚜렷한 선을 긋는 사건이었다. 크네히트는 자기 정신의 첫 번째 커다란 부름, 즉 음악에서 첫 번째 소명을 체험하게 된 것이다.

이제 내가 원하는 것을 찾아야 한다

삶의 여러 길에서 어떤 길을 선택할 것인지 망설여지고 방황할 때마다 누군가가 어느 쪽으로 가면 맞는지 알려 주길 바랐다. 그런데 아무리 찾아봐도 정답을 아는 사람이 없다. 또한 인생이 너무 짧아 그 정답을 찾았다고 해도 너무 늦게야 깨닫게 된다. 인생의 정답은 반드시 있을 것이란 나만의 착각 속에서 삶은 점점 죽음에 가까워지고 있다. 그래서 삶이 비극적인 걸까? 우리는 삶의 어느 시점에서 스스로에게 질문을 던져야 할 필요

나 와 내 삶 의 의 미

가 있다.

"이것이 진정 내가 원하는 삶일까?"
"삶이 나에게 부여한 과제는 무엇일까?"
"나는 과연 쓸모 있는 사람일까?"

삶에는 누구나 감당해야 할 고귀한 소명이란 것이 있다. 소명이란 무엇일까? 우리는 자신의 소명을 어떻게 깨닫게 될까?

"소명에는 여러 종류와 형식이 있지만 그 체험의 핵심과 의미는 항상 같다. 즉 내부로부터의 꿈이나 예감 대신에 갑자기 외부로부터의 부름과 한 가닥 구체적 현실이 나타나 관여하게 됨으로써 영혼이 깨어나고, 달라지고, 고양되는 것이었다."

《유리알 유희》

누구나 삶의 어느 지점에서 자신의 소명을 깨닫는 시기가 찾아온다. 이 세상에서 수행해야 할 고유한 자신만의 역할을 찾는 시기가 어린 시절일 수도 있고, 인생의 중반이거나 후반일 수도 있다. 각자에게 주어진 역할뿐만 아니라 그 시기 또한 사람마다 다르다.

세상의 모든 존재는 그 역할과 쓸모가 있기 마련이다. 세상 모든 것에 각자의 고유한 쓸모가 있듯이 사람도 각자의 쓸모가 있다. 만약 자신이 제 역할을 하지 못해 쓸모가 없는 존재라고 생각한다면 견디기 힘들 것이다.

"삶에는 의미가 있고, 인간에게 감당해야 할 고귀한 사명이 있다고 믿는 사람은 오늘의 혼란 속에서도 가치 있는 삶을 살아갑니다."

<1961년 만프레드 푼델에게 쓴 편지>

우리는 살아가면서 여러 가지 역할을 맡는다. 부모로서, 배우자로서, 자식으로서, 학생으로서, 모범생으로서, 반항아로서, 아웃사이더로서, 어른으로서, 직장인으로서, 회사의 리더로서의 수많은 역할을 갖게 됐다. 하지만 불행하게도 우리는 여러 가지 역할 속에서도 자신의 진정한 역할을 찾지 못한다. 스스로 부여한 역할이 아니라 강요받은 역할이 더 많기 때문이다.

"열심히 공부해서 치과 의사가 돼라!"
"안정적인 직장을 원한다면 공무원이 돼라!"
"직장에서 승진하려면 남보다 유능하고 부지런하게 일하라!"
"부자가 되고 싶다면 월급만 받아서는 안 된다."

이렇게 남들이 보기에 쓸모 있어 보이는 삶을 강요받기도 하

나와 내 삶의 의미

고 동시에 스스로에게 강요하기도 한다. 어쩔 수 없이 하기 싫은 역할을 꾸역꾸역 하면서 살아가는 인생은 불행할 수밖에 없다. 우리에게 주어진 여러 가지 역할 중에서 자신에게 잘 맞는 역할과 그렇지 못한 역할을 구분하는 것은 생각만큼 쉽지 않다. 그래서 이것이 우리가 우리의 역할을 잘 해내지 못하고 힘들어하는 이유일지도 모른다.

"세상이 우리에게 필요로 하는 역할은 결코 우리가 원하던 역할이 아니다."

<1935년 프리드리히 미하엘에게 쓴 편지>

행복의 크기를 잴 수 있는 절대적인 기준과 잣대는 없는 것 같다. 행복은 주관적이며 상대적인 개념이기 때문이다. 우리는 자신의 삶을 타인과 끊임없이 비교하면서 행복을 가늠하곤 한다. 그래서 타인보다 더 많이 소유하고, 더 높은 자리에 오르고, 더 앞서야만 행복할 거라고 믿는다. 물론 헤세도 겉으로 보기엔 삶이 더 쉬워 보이고, 더 행복해 보이는 사람들이 많다는 것을 인정한다.

하지만 헤세는 "우리는 자신의 삶을 살아야 해요. 그것은 새롭고 자기답게 사는 걸 의미해요"라고 말한다. 삶은 모든 사람에게 각자 다른 과제를 던져 주기 때문이다. 타인과 비교하는 것은 아무런 의미가 없다. 나를 행복하게 만드는 정답은 이미 내 안에 존재한다. 마치 인생에 모든 답을 내 안에서 찾을 수 있는 것처럼.

헤세는 자기에게 주어진 특별한 임무, 즉 소명을 받아들이고 실현하려고 노력해야 의미 있는 존재가 될 수 있다고 말한다. 소명이란 추구해야 할 어떤 확고한 목표가 아니라 이미 받은 선물이다. 그래서 헤세는 행복에 대해 이렇게 말한다.

> **"행복이란 '무엇'이 아니라 '어떻게'이며 조건이 아니라 재능을 찾는 데 있다."**
>
> <1901년 카를 부세에게 쓴 편지>

마음속 욕망에 솔직해지는 용기를 가져라

"무엇이 당신의 심장을 고동치게 하는가?"

인간은 태어날 때부터 신에게 부여받은 참된 씨앗이 있다. 소명을 뜻하는 영어 '보케이션(vocation)'의 어원은 라틴어로 '부르다'라는 의미의 '보카레(vocare)'다. 따라서 소명은 내면의 부름, 즉 자신의 목소리에 귀를 기울일 때 발견할 수 있다. 이때마다 들려오는 목소리가 자신의 참다운 소명이라는 것을 알 수 있게

나와 내 삶의 의미

될 것이다. 그렇다면 각자에게 주어진 소명을 이루어 나가기 위해서는 어떤 자세가 필요할까?

첫째, 마음 가는 대로 살아라.

쓸모 있는 사람이 되기 위해서는 먼저 마음 가는 대로 자기만의 길을 떠나야 한다. 결코 누군가가 시키는 일이 아니라 자신이 진심으로 하고 싶은 일을 해야 한다. 소명이란 누군가 정해주는 것이 아니라 스스로 찾아내야 하는 것이기 때문이다.

"우리는 사실 무언가를 자신의 의사로 결정하지 않는다. 뭐가 좋은지 나쁜지 스스로 판단하지 않는다. 세상과 타인의 방식을 따라 할 뿐이다. 그러므로 어떤 결정을 하든 미련이 남고, 나중에 후회하기도 한다. 차라리 한번쯤은 자신을 완전히 발가벗겨 봐야 한다. 실제로 자기 내면에서 어떤 충동이 솟아나고 있는지, 무엇을 원하는지, 어떤 것이 불안한지, 무엇이 자신을 괴롭히는지, 그런 것을 명백하게 만들어 보는 것이다."

〈1921년의 일기〉

크네히트가 음악 명인을 만나 자신의 소명을 체험했을 때 내면의 울림에 가슴이 벅차올라 모든 것을 잊고 새로운 몰입을 꿈꿀 수 있었다. 크네히트가 그랬듯이 세상에 휘둘리지 않고 자신에게 주어진 운명의 길을 걸을 때 변화와 성장을 느낄 수 있다. 이것이 소명을 체험하는 첫 번째 단계다.

둘째, 위험한 삶을 살아라.

사람은 누구나 자신의 영혼에 위대함이라는 씨앗을 갖고 있다. 그러한 싹을 틔우는 과정이 바로 소명을 이루어 나가는 과정이다. 그런 싹을 틔우기 위해서는 지난한 노력과 대단한 용기가 필요하다. 그래서 헤세는 자신의 소명을 알기 위한 첫걸음을 시작하려면 커다란 용기가 필요하다고 말한다. 자신이 스스로 선택한 길을 걷는 사람은 위험한 삶을 살게 된다. 위험한 삶을 산다는 것은 자신을 대상으로 하나의 실험을 한다는 의미다. 그래서 자신의 길을 걷는다는 것은 용기 있는 삶과 같다.

"가치 있는 삶을 사는 사람이라면 그 누구도 자기만족만을 추구하며 살지 않아요."

<1907년 빌헬름 셰퍼에게 쓴 편지>

자신의 진정한 소명이 무엇인지 모른다고 깨닫는 순간 우리는 심하게 절망한다. 때론 자신이 추구해 온 것과는 다른 모습을 발견하고는 당황하기도 한다. 하지만 자신의 사명을 이룰 수 없다는 것은 불행이 아니다. 더 불행한 것은 이룰 수 있는 사명을

나 와 내 삶 의 의 미

———

"시대에 뒤떨어졌지만 오래전부터 내가 개인적으로 생각해 온 방법을 말하고 싶다. 적당히 즐기는 것이 곧 두 배로 즐기는 방법이라는 것이다. 그렇지만 조그만 기쁨을 결코 간과하지 마라! 분수를 지켜라. 새로 나온 흥행작을 꼭 볼 필요는 없다고 생각하는 데는 용기가 필요하다. 더 나아가 새로 나온 문학 작품을 몇 주일이 지나도록 알지 못해도 괜찮다고 생각하는 데는 용기가 필요하다. 많은 사람이 오늘 신문을 읽지 않으면 웃음거리가 된다고 생각한다. 그렇지만 나는 이러한 것을 포기하는 용기를 지녔음을 후회하지 않는 몇몇 사람을 알고 있다."

향해 나아가려는 마음이 없는 것이다.

셋째, 내면이 뜨겁게 타도록 욕망의 추진력을 극도로 집중시켜라.

자신의 참된 존재를 향해 나아가는 사람은 내면이 뜨겁게 타고 있음을 느낀다. 그래서 하고 싶은 일보다는 해야만 하는 일에 자신의 열정을 소비하지 말아야 한다. "내가 해야 할 일이 무엇인가"를 묻기 전에 "내가 하고 싶은 일이 무엇인가"를 먼저 물어야 한다. 자신을 억누르고 있던 욕망에 몸을 맡기고 새로운 것에 도전해야 한다. 그래야 자신이 어떤 사람인지 알 수 있는 소명의 기회가 찾아온다.

"가능한 것이 탄생하려면 계속해서 불가능한 것을 시도해야 한다."

<1960년 빌헬름 군더르트에게 쓴 편지>

우리에게는 무한한 가능성이 잠재해 있다. 삶이란 그 가능성을 실현하는 과정이다. 매 순간 크고 작은 방법으로 자신의 소명을 찾는 데 노력하면 본래의 자신에 접근해 갈 수 있다.

요제프 크네히트가 카스탈리엔에서 최고의 음악 명인으로 그 역할을 수행하는 동안 그에게는 수많은 고통과 깨달음이 따를

나와 내 삶의 의미

것이다. 어쩌면 그에게 주어진 진정한 소명은 음악 명인이란 역할을 벗어던진 후에 나타나지 않을까? 고통 속에서 깨달은 그 무언가가 바로 크네히트의 진정한 소명일지도 모른다.

17

방황하는 길 위에
삶의 의미가 있다

실존

에쉬홀츠를 졸업한 크네히트는 카스탈리엔에서도 가장 예술
적인 정취가 느껴지는 상급 영재 학교가 위치한 발트첼로 가게
됐다. 발트첼에서는 다른 학교와 달리 최고의 학문이면서 동시
에 정신 수양의 도구인 유리알 유희를 필수 과목으로 지정하고
연구하고 있었다. 입학한 얼마 동안 크네히트는 새로운 과목 몇
개만 공부하며 명상 수련을 했다.

그러던 어느 날 크네히트는 카스탈리엔의 외부에서 온 '플리
니오 데시뇨리'와 운명적으로 만난다. 데시뇨리는 유서 깊은 귀
족 가문 출신으로, 영재 학교에 청강생의 자격으로 공부하러 온
학생이었다. 그는 크네히트보다 나이가 많았고 재능이 뛰어난

젊은이였는데, 특히 연설이나 논쟁에서 탁월했다.

크네히트와 데시뇨리는 특별한 관계가 될 수밖에 없었다. 두 사람 모두 타고난 재능이 뛰어났고, 소명을 받은 자들이었기 때문이다. 하지만 그들은 모든 면에서는 대조적이었다. 비카스탈리엔인, 즉 속세인이었던 데시뇨리에게는 부모와 가족이 있었고 출세, 결혼, 정치 같은 '현실의 세계'가 기다리고 있었다. 반면에 카스탈리엔에 뿌리박은 크네히트에게는 돌아가 만날 부모도, 친구도 없었고 오직 정신과 진리만을 추구하는 '정신의 세계'만 있을 뿐이었다.

카스탈리엔이라는 정신세계를 대표하는 크네히트와 현실 세계를 대표하는 데시뇨리는 각자 상반되는 두 세계를 옹호하며 토론하게 된다. 이 과정에서 데시뇨리는 크네히트에게 정신만을 지향하는 삶이 얼마나 위험하고 무모한지, 그리고 이러한 삶은 아무런 결실도 맺을 수 없다는 것을 끊임없이 상기시켰다. 이러한 격렬한 논쟁을 통해 크네히트는 혼란에 빠지고, 갑자기 자신이 속해 있는 카스탈리엔의 세계를 심각하게 의심하며 불안감을 느낀다.

변하지 않는 존재란 없다

"왜 우리는 공허한가?"

이 세계에 존재하는 모든 생명체는 매일매일 성장하며 끊임없이 변화한다. 삶이란 본질적으로 쉬지 않고 계속해서 어디론가 흘러간다. 만약 우리 삶이 어떤 방향으로 흘러가기를 멈춘다면, 무엇을 향해 나아가야 하는지를 몰라 똑같은 상태를 유지하려고 한다면, 불안과 공허를 느낄 수밖에 없다. 고인 물이 썩는 것과 같은 이치다. 이것이 바로 생성, 변화하는 세계 속에서 변하지 않는 것을 맹목적으로 추구하는 인간만이 느끼는 실존적 고뇌라고 할 수 있다.

헤세는 《유리알 유희》에 크네히트가 학생 시절 쓴 시 〈비탄〉을 소개한다.

우리에게는 어떤 존재도 허락되지 않았다.
우리는 단지 흐름일 뿐.
우리는 기꺼이 모든 형태로 흘러들어 간다.
낮을, 밤을, 지옥을, 성당을 관통해 지나간다.
존재에 대한 목마름에 쫓긴 채.

그렇게 우리는 모든 형태를 쉼도 없이 채운다.
그리고 어떤 것도 우리에게 고향이나 행복, 괴로움이 되지 않는다.
우리는 항상 떠도는 중이며 늘 손님이다.

어떤 들판이나 쟁기도 우리 것이 아니며 우리는 수확도 하지 않는다.

신이 우리를 어떻게 하려는지 우리는 모른다.

신은 우리를 손안에 든 진흙처럼 마음대로 빚는다.

진흙은 말이 없고, 말랑말랑하고, 웃지도 않고 울지도 않는다.

신은 반죽은 하지만 절대 굽지는 않는다.

언젠가는 돌처럼 굳어질 것이다! 언젠가는 오래 지속될 것이다!

우리는 그렇게 되기를 영원히 동경하지만

그래도 영원히 남는 것은 불안한 전율뿐이니

우리는 길 위에서 절대 쉴 수 없을 것이다.

시 〈비탄〉

인간은 오랫동안 변치 않고 지속하는 존재가 되길 원한다. 하지만 헤세는 이렇게 말했다.

"우리에게는 결코 어떤 존재도 허락되어 있지 않다."

인간은 그저 '흐름'일 뿐이다. 또한 이 세상 모든 존재는 언젠가 파멸할 운명을 타고났다. 인간이면 누구나 언젠가는 없어질 유한한 존재이기에 삶 그 자체가 허무할 수밖에 없다. 그리고 영원히 지속하는 것은 세상 어디에서도 찾을 수 없으며 모든 것들은 끊임없이 생성하고 소멸한다. 헤세는 이렇게 생성과 소멸하는 현실 세계를 '흐름'이라는 단어로 표현했다. 인간이 불안, 고독, 절망과 같은 공허함을 느끼는 이유는 '변화'하기 때문이다.

우리는 영원히 변하지 않는 어떤 존재에 대한 목마름을 채우기 급급하다. 크네히트가 카스탈리엔에서 변하지 않는 정신적인 삶을 추구했던 것처럼 영원한 것을 동경하는 사람들은 불안할 수밖에 없다. 변하지 않는 영원한 존재란 없으니 아무리 찾아도 찾을 수 없어 방황할 뿐이다. 헤세는 '영원히 남는 것은 불안한 전율뿐'이라고 말했다.

모든 삶은 의미를 찾아가는 과정이다

실존주의 철학자 사르트르는 인간에 대해 이렇게 말했다.

"인간은 실존이 본질에 앞선다."

인간은 먼저 실존한 다음 세계 안에 불쑥 나타나 그런 후에 그 본질이 정해진다는 것이다. 사르트르가 생각하는 인간은 이 세상에 태어날 때 구체적인 인간상이 없다. 다시 말해 인간은 그 본질, 즉 존재의 이유나 목적이 정해져 있지 않은 채로 이 세상에 내던져진 존재다. 인간은 자신이 왜 존재하는지 그 이유를

나와 내 삶의 의미

모른다. 인간은 자신의 본질을 스스로 만들어 나가야만 한다. 그래서 사르트르는 "인간은 자유롭도록 선고받았다"고 말한다. 이것이 바로 그 유명한 사르트르의 인간에 대한 정의다.

"숲속에 한 그루씩 홀로 서 있는 나무보다 더 성스럽고 모범이 되는 것은 없다. 나무는 마치 베토벤이나 니체처럼 고독하게 삶을 버텨 낸 위대한 존재와 같다."

《고독하고 의연한 나무들》

나무는 모든 생명력을 동원해 오직 하나만을 위해 애쓴다. 그것은 바로 나무는 자신 안에 깃든 고유한 모습을 완성해 가면서 자신을 표현하는 일에만 힘쓴다. 예를 들어 밤나무가 자라서 풍성하게 꽃을 피우고 가을철에 황금 갈색 낙엽으로 바닥을 덮는 까닭은 열매인 밤을 얻기 위해서다. 밤나무가 자라면 밤나무가 되지 결코 다른 나무가 되지 않는다. 밤나무는 자신의 본질을 그 안에 이미 갖고 있다.

그렇다면 인간은 어떠한가? 인간은 밤나무와 달리 아무것도 아닌 상태에서 출발한다. 인간은 매 순간 선택을 통해 끊임없이 존재의 이유를 발견해 나간다.

인간은 자신의 미래 모습을 스스로 선택할 수 있다. 하지만 자유에는 대가가 따르는 법이다. 인간은 스스로를 자유롭게 창조할 수 있지만 자기가 선택한 모든 일에 스스로 책임을 져야 한다. 자신의 선택에 대해 누군가에게 의지할 수 없고, 선택에서 달아나 핑계도 찾을 수 없다. 그래서 인간은 고독할 수밖에 없고, 인간의 실존에는 불안, 고독, 허무 같은 절망의 요소가 포함되어 있다. 어쩌면 인간은 자유라는 형벌에 처해 있다. 우리는 어떻게 실존적 고뇌에서 오는 불안으로부터 벗어날 수 있을까?

첫째, 자신이 처한 현실 상황에서 존재의 이유와 자신이 의미를 만들어 가는 주체임을 자각해야 한다.

"우리는 모두 그저 인간일 뿐이고, 각자가 하나의 시도이며 하나의 과정에 지나지 않는다."

《유리알 유희》

살아 있는 모든 것은 되어 가는 과정이지 하나의 고정되고 완전한 존재가 아니다. 삶은 도달이 아닌 오직 과정으로서만 의미를 가질 뿐이다. 그래서 크네히트의 시 〈비탄〉에서도 우리는 항상 떠도는 중이며 늘 손님이라고 말한 것이다.

인간은 위대한 존재가 되기를 갈망하지만 자신이 도달해야 할 최종 목적지는 알 수 없다. 그래서 인간이 되어 가는 모든 과정은 고통이 따를 수밖에 없다. 이러한 고통을 이겨 내려면 현재의 위치에 만족하지 못하더라도 나는 그 무엇인가에 적합한 사람이라고 되뇌어야 한다.

인생은 결과가 아닌 존재의 의미를 만들어 가는 과정이다. 삶의 어느 지점에 있든지, 이미 피어나고 있는 꽃처럼 자신의 꿈이 실현되고 있다고 믿어야 한다.

둘째, 삶을 완전하게 지배하기 위해서는 순간마다 원하는 것을 의도적으로 결정해야 한다.

모든 것이 완벽하지 않다고 해서 불안해할 필요가 없다. 모든 삶은 성장을 위한 경험이다. 자책하지 말고 앞으로 나아가야 한다. 중요한 것은 지속적인 존재가 되기보다 지속적인 성장에 있다. 지속적인 성장이란 나만의 속도로 치우치지 않게 균형을 유지하는 것을 의미한다.

삶이 멈출 수 없는 과정이라면 그 흐름에 자신을 맡겨야 한다. 자기만의 리듬감을 유지하는 것이 중요하다. 삶에 지치고 힘들다면 잠시 멈추고 나를 돌보는 시간이 필요하다.

"정신적 삶이든 육체적 삶이든 삶 전체는 역동적인 현상이다. 유리알 유희는 근본적으로 단지 미학적인 면을 파악하는 것이고, 주로 리듬감 있는 과정의 이미지로 파악한다."

《유리알 유희》

크네히트는 데시뇨리와의 우정과 대립이라는 관계를 통해 현실 세계에 대해 자각한다. 그는 카스탈리엔에서 유리알 유희를 공부하며 정신적으로 자유로운 삶을 추구하지만 한편으로는 은밀하게 현실의 삶을 갈망한다. 크네히트는 정신적인 삶과 현실적인 삶 사이의 균형 유지가 중요하다는 것을 깨달았다. 그는 유리알 유희의 명인으로 성장하면서 자신에게 주어진 삶의 의미를 어디에 둘 것인지 스스로에게 질문했다.

어떤 상황에서는 인생의 행로가 확고하게 정해진 것처럼 느껴진다. 어떤 상황에서는 삶이 해묵은 실타래처럼 뒤엉켜 버려 풀기가 어렵다. 헤세는 이를 이렇게 표현했다.

"인생행로는 삶의 가능성과 변화 가능성을 항상 자기 안에 담고 있다."

나의 삶은 어떤 목적을 가지고 있을까? 이 세상에서 나의 존재의 목적은 무엇일까? 자신에게 이런 질문을 던질 때 자기 안에 숨어 있는 다양한 가능성을 발견하게 될 것이다. 모든 삶은 진정한 의미에 다가서려는 끊임없는 노력이다. 하지만 지나친 열정은 오히려 나의 삶을 집어삼킨다. 중요한 것은 타오르는 열정보다 꾸준한 열정이다. 내게 맞는 적절한 삶의 속도를 찾아라.

나와 내 삶의 의미

18

가장 좋은 것을 얻으려면
마음이란 대가가 필요하다

관계

우리는 삶의 많은 부분에서 타인에게 의존하고 있다. 우리가 삶을 영위하기 위해 매일매일 먹는 음식, 입는 옷, 타는 자동차, 사는 집과 같은 것들 중에서 다른 사람과 관련되지 않은 것은 거의 없다. 아마도 타인에게 의존하지 않고 자기 스스로 삶의 문제를 해결하기는 힘들어 보인다.

또한 우리는 평생 동안 셀 수 없을 만큼 많은 사람과 다양한 관계를 맺는다. 원가족처럼 자신의 의지와 무관하게 관계를 맺는 일도 있고, 친구나 직장 동료나 상사, 선생님, 연인, 배우자 같이 우연한 선택으로 관계를 맺는 일도 있다. 이러한 관계 속에서 때로는 뜨겁게 사랑도 하고 때로는 처절하게 가슴 아픈 경험도 한다. 인간은 관계를 통해 삶을 배운다.

발트첼을 졸업한 크네히트는 학교라는 굴레에서 벗어나 처음으로 관심 있는 분야를 자유롭게 연구할 수 있게 됐다. 특히 그는 자신의 운명을 결정할 유리알 유희 연구에 몰두하여 그 의미와 위대함을 깨닫게 된다. 또한 이 시기에 크네히트는 자신의 삶에 결정적인 영향을 미칠 사람과 관계를 맺게 된다.

과하지도 부족하지도 치우치지도 않아야 한다

두 가지 유형의 삶이 있다. 하나는 성찰하는 삶이고 다른 하나는 실천하는 삶이다. 성찰하는 삶은 자기 내면을 들여다보며 반성하고 살피는 것을 중요하게 생각한다. 이러한 삶을 사는 사람은 외부 세계와의 관계보다는 자신의 마음을 끊임없이 관찰하고 응시하는 관조적인 삶을 추구한다. 성찰하는 삶만 추구하는 사람은 현실을 외면한 채 조용히 눈을 감고 살 것이다. 이런 삶은 어떤 노력을 필요로 하지 않는다.

반면에 실천하는 삶은 외부 세계를 향해 있으며 행동하는 삶을 추구한다. 실천하는 삶을 추구하는 사람은 행동이 중요하기 때문에 세상 물정에 밝다. 따라서 그는 목적을 이루기 위해 온갖 수단과 방법을 동원한다.

헤세는 활동적인 사람도 있고 관조적인 사람도 있지만 정작 중요한 것은 두 가지 대립을 일치시키는 것이라고 말한다. 다시 말해 이런 대립적인 모습을 자기 안에 모두 갖고 있는 사람이 정말 살아 있는 사람이라는 것이다.

"나는 같이 어울려 살 수 있으면서도 혼자 있을 줄 아는 사람, 행동력과 자기 침잠의 능력을 모두 갖춘 사람을 찾고 있으며 그런 사람을 원한다."

〈서간 시집〉

《유리알 유희》에서 성찰하는 삶을 대표하는 인물로 테굴라리우스와 노형이 있고, 실천하는 삶에는 데시뇨리와 야코부스 신부가 있다. 당신은 성찰하는 삶과 실천하는 삶 가운데 어느 쪽인가? 대체로 한쪽에 치우친 삶을 살아가기가 쉽다. 크네히트는 이상 세계나 현실 세계 가운데 한쪽으로 도피해서는 안 된다고 말한다.

"우리는 활동적인 생활에서 명상적인 생활로 도피해서는 안 되고, 그 반대 또한 안 된다. 그 양자 사이를 오가며 양자 모두를 집으로 삼고, 양자 모두에 참여해야 한다."

《유리알 유희》

사랑할 수 있기에 배울 수도 있다

우리는 다양한 관계를 통해 서로 영향을 주고받는다. 또한 내가 누구인가, 지금 어디에 있는가, 앞으로 어느 곳을 향해 나아갈 것인가, 내가 진정으로 원하는 것이 무엇인가에 대한 의문을 타인과의 관계에서 깨닫는 순간을 만나게 된다. 그만큼 타인과의 관계는 한 개인의 정체성과 밀접하게 연결되어 있다. 그렇다면 관계는 우리 인생에 어떠한 영향을 미칠까?

첫째, 인생 대부분 문제의 답은 관계에 있다.

살면서 중요하지 않은 관계란 없다. 그 관계가 좋든 싫든, 긍정적이든 부정적이든 모두 어떤 의미를 부여한다. 타인과의 관계에서 겪는 문제들 중 대부분은 자기와의 관계를 보여 주는 거울과 같다. 다시 말해 관계라는 거울을 통해 자기를 다시 바라볼 기회를 얻게 된다.

크네히트는 테굴라리우스, 노형, 야코부스 신부 등 다양한 인물과의 관계에서 자신의 문제에 대한 해답을 찾게 된다. 카스탈리엔에서 크네히트의 친구였던 테굴라리우스는 학문과 진리를 탐구하고 성찰적인 삶에만 몰두하는 인물이다. 그는 유리알 유희를 완벽히 만들 수 있는 훌륭한 선구적 존재였다. 하지만 사람들과 어울리지 못하고 고립된 채 살아가는 그의 모습에서 카

나 와 내 삶 의 의 미

"세상의 모든 것을 모방하고 위조할 수 있지만 사랑만은 그럴 수 없다. 사랑은 훔칠 수도 모방할 수도 없다. 사랑은 자신을 전부 내줄 줄 아는 마음속에만 있기 때문이다. 이것이 모든 예술의 원천이다."

스탈리엔의 타락과 몰락을 예측할 수 있다.

크네히트가 《역경》을 공부하던 중 만나게 된 죽림의 노형을 통해 도피하는 삶이 자신의 길이 아님을 알게 된다. 나중에 크네히트가 연구를 끝내고 베네딕투스 수도회 소속 마리아펠스 수도원으로 파견을 나간다. 그때 마리아펠스 수도원에서 가장 뛰어난 역사가 야코부스 신부와 관계가 시작된다.

야코부스 신부는 크네히트의 운명에 커다란 영향을 끼친다. 크네히트는 야코부스 신부를 통해 카스탈리엔에서 배울 수 없었던 역사를 접하고, 역사와 현실의 관계에 대한 통찰력을 갖게 된다. 크네히트는 역사와 현실을 외면한 공부는 관념적인 유희일 뿐이라는 야코부스 신부의 비판으로 인해 외부 세계와 단절된 카스탈리엔의 위치를 새롭게 파악한 것이다. 현실을 두려워하여 외부 세계를 외면한 채 정신적 세계만 고수하는 카스탈리엔 사람들의 편파성을 깨달았다. 지금까지 정신적인 삶을 추구해 왔던 크네히트는 야코부스 신부와 교제하면서 진정한 삶은 성찰과 실천이 함께 하는 삶이란 것을 알게 된다.

둘째, 모든 존재의 비밀이 타인과의 관계에 달려 있다.

인간은 본능적으로 타인에게 인정받고 싶은 욕망이 강하다. 인간은 다른 사람에게 자신이 어떻게 보일까 생각하면서 늘 불안해한다. 이런 의미에서 사르트르는 나에게 타자는 '지옥'과 같다고 말한다. 어떤 방식으로든 우리는 '타인의 시선'으로부터 자유로울 수 없다.

타인이 나를 어떻게 바라보느냐에 따라 내 삶의 가치가 결정되기도 한다. 물론 그 반대의 경우도 마찬가지다. 따라서 내 존재의 의미는 타인과 내가 어떤 관계인가에 달려 있다. 사람들과의 관계를 통해 우리는 자신이 이 세상에 쓸모 있는 인간임을 깨닫게 된다.

크네히트는 많은 사람의 존경을 받는 최고의 자리인 유리알 유희의 명인이 됐다. 그의 이름인 '크네히트(Knecht)'가 원래 '하인', '봉사자'를 의미하는 것처럼 그는 점점 바깥 세계와는 담을 쌓아 가는 카스탈리엔을 떠나 한 사람의 교육자로서 봉사하는 삶을 살기로 결심한다. 그는 자신의 삶이 타자와의 관계 속에서 그 존재의 의미가 있다는 사실을 깨달았다.

"행복은 사랑이며 그 이외의 어떤 것도 아니다. 사랑할 수 있는 사람이 행복하다."

《사랑할 수 있는 사람은 행복하다》

삶의 기쁨과 원천을 어디에서 찾을 수 있을까? 누구나 관계 안에서 사랑을 주고받기를 원한다. 그래서 헤세는 사랑할 수 있는 사람만이 행복하다고 말한다. 행복은 오직 사랑을 통해서만 온다는 것이다. 기쁜 마음으로 외부 세계와 화음을 이루고 싶었던 크네히트가 데시뇨리의 아들인 티토의 가정 교사가 되려고 떠난 이유도 관계에서 사랑을 주고받고 싶었기 때문이다.

관계는 세상과 소통을 하기 위한 도구다. 관계는 지독한 외로움을 덜어 줄 수 있다. 관계를 통해 서로의 내면을 들여다볼 수 있고, 그 과정에서 상처를 치유할 수도 있다. 그래서 모든 관계가 중요하다. 우리는 모든 관계에서 많은 것을 배울 수 있다. 인생에서 사소한 만남이란 없다.

19

명랑함은 절망 속에서
홀로 깨어 있는 존재다

명랑함

크네히트가 바깥세상으로 통하는 길을 찾아보려는 생각을 품기 시작했을 무렵 예기치 않게 한 인물을 만난다. 바로 청년 시절 친하게 지냈던 데시뇨리다. 그는 대의원이며 정치 저술가로서 유력한 인사였다. 스탈리엔의 재정 감사를 맡는 정부 위원회의 위원 한 사람으로 선출되어 그곳에 오게 된 것이다. 그런데 다시 만난 데시뇨리는 예전의 젊음과 쾌활함을 완전히 잃어버리고 다른 사람이 되어 있었다. 낙천적이었던 데시뇨리는 비극적인 고뇌와 슬픔으로 그늘진 얼굴이었다.

데시뇨리는 크네히트에게 자신이 현실 세계로 돌아간 후에 카스탈리엔에서 배웠던 정신은 모두 잊어버리고, 결국 속세인이 되고 말았다고 고백한다. 데시뇨리는 속세인들이 영위하는 삶 말고는 다른 어떤 것도 원하지 않았다. 정열적이고, 순진하고, 거칠고, 절제하지 않는 삶, 행복과 불안 사이에서 펄럭이는 속세의 삶 외에는 바라는 것이 없었다. 결국 데시뇨리가 그런 생활을 끝내기 위해 할 수 있는 일은 술을 마시거나 잠들기 위한 신경 안정제를 사용하는 것뿐이었다. 유리알 유희의 명인 크네히트는 데시뇨리가 마음의 평정을 얻는 데 실패한 이유를 다음과 같이 이야기한다.

> "자네는 명랑함에 대한 거부감을 가지고 있어. 아마 자네가 슬픔의 길을 가야 했기 때문이지. 그래서 자네에게는 모든 밝음과 쾌활함, 특히 우리 카스탈리엔의 그것이 천박하고 유치하고 비겁하다고 생각하지."
>
> 《유리알 유희》

더 행복하고 명랑하게 사는 방법

살다가 보면 뜻대로 되지 않는 일들이 너무나 많다. 인생을 더 행복하고 잘 사는 법은 어디에 있을까? 우리는 남들과 어떻게 하면 더 잘 지낼 수 있는지에 관심이 많다. 하지만 더 행복한 삶을 살기 위한 가장 좋은 방법은 타인보다 자기 자신과 잘 지내는 것이 먼저다. 크네히트는 데시뇨리에게 삶을 좀 더 행복하고 명랑하게 만들 수 있는 법을 소개한다.

"아름다운 삶의 비결은 어디에 있는가?"
"우리는 어떻게 가슴 아픈 상처를 치유할 수 있을까?"
"어떻게 해야 온전히 삶의 기쁨을 만끽할 수 있을까?"
"어떻게 해야 명랑함에 도달할 수 있을까?"
"과연 진정한 명랑함이란 무엇일까?"

첫째, 완전한 기쁨을 맛보라.
진짜 명랑함이란 완전한 기쁨을 의미한다. 그저 시시덕거림이나 자기만족에 그치는 것이 아니다. 현실에 쉽게 만족하고 겉으로 보기에 명랑한 체하는 사람과 진지하고 깊이 있는 명랑함을 가진 사람은 구별해야 한다는 것이다. 다시 말해 진짜 명랑함과 거짓된 명랑함을 구분해야 한다. 그렇다면 두 가지 명랑함의 근본적인 차이는 무엇일까?
진정한 명랑함을 가진 사람은 겉으로 명랑함이 뿜어져 나와 다른 사람에게 옮긴다. 마치 태양이 빛을 발하듯 말이다. 명랑함의 최고의 경지에 오른 사람은 '호의', '삶의 즐거움', '기분 좋음', '신뢰와 믿음' 같은 마음의 빛을 다른 사람에게 나누어 준다. 하지만 현실 세계에 살면서 세속적인 삶이 주는 고뇌에서 완전히 자유로운 사람이 과연 몇 명이나 될까? 반복되는 일상에 쫓겨 매너리즘에 빠지고 하루하루를 사는 데 급급한 현대인에게 이러한 완전한 기쁨을 누릴 여유가 있을까?

많은 사람이 행복이 부와 명예 같은 성공을 지향하는 삶에 달려 있다고 생각한다. 하지만 진정한 행복은 막대한 부에서 오는 것이 아니라 내면의 기쁨에서 온다. 여태까지 목숨 걸고 지켜 냈던 것들이 먼지처럼 사라지는 순간이 찾아올 때 자신이 너무 가련하고 불쌍하게 느껴질 것이다.

이처럼 견딜 수 없는 비탄의 순간이 시작될 때 명랑함의 힘이 발휘된다. 삶이 가장 어두운 심연 속으로 몰락할 때 명랑함은 오히려 자신의 삶을 사랑하게 만든다. 명랑함은 온갖 절망적인 현실에 빠져 괴로울 때 있는 그대로의 삶을 긍정하게 한다. 명랑함은 우리가 실패로 인해 슬픔에 잠겨 있을 때 정신을 차리게 만든다. 정신이 깨어 있어야만 절망의 늪에서 빠져나와 더 나은 방향으로 삶을 이끌어 갈 수 있다. 크네히트는 데시뇨리에게 명랑함에 대해 이렇게 말한다.

"명랑함은 최고의 인식이자 사랑이고, 온갖 현실에 대한 긍정이며, 모든 심연과 나락의 절벽 끝에 서서도 정신 차리고 깨어 있다."

《유리알 유희》

둘째, 즐거움을 주는 것을 향유하고 찬미하라.

명랑함은 아름다움의 비밀이며 모든 예술의 본질이다. 누구나 아름다운 삶을 살고 싶어 한다. 헤세는 매일매일 삶이 주는 충만함이 우리 곁을 스쳐 지나간다고 말한다. 단지 일상에 매몰되어 삶이 주는 아름다움을 보지도 느끼지도 못하고 있다는 것이다. 수많은 사람이 감사한 마음을 표현하다가도 피곤에 지쳐 술을 진탕 마시며 반쯤 취한 상태로 인생을 살아가곤 한다. 가슴 아픈 상처로 인해 아무것도 하고 싶어 하지 않을 때도 있다.

하지만 우리가 좌절에 빠져 있는 동안 계절은 어느덧 따뜻한 봄이 된다. 산과 들에 아름다운 꽃들이 날마다 피어나고, 따사로운 햇살은 우릴 비추며, 자연은 기쁨의 미소를 짓는다. 명랑한 마음을 느끼고 싶다면 이따금 발걸음을 멈추고 자연의 소리에 귀를 기울여 보라. 헤세는 하늘에 떠 있는 멋진 구름 한 조각처럼 우리에게 즐거움을 주는 것을 향유하고 찬미해야 한다고 말한다. 완전한 기쁨은 아무렇지 않아 보이는 평범하고 소소한 일상에 있다. 그리고 그것을 느낄 때 아름다운 삶을 살게 된다.

"우리는 언제나 아름다운 것들에 가득 둘러싸여 있다."

《보리수꽃》

셋째, 기쁨으로 충만한 채 걷고 춤추고 축제를 하듯 살아라.

네덜란드 역사학자 요한 하위징아는 인간을 호모 루덴스, 즉 '놀이하는 인간'으로 이해한다. 인간은 놀이 자체가 목적이며, 놀이하는 정신은 행복함의 원천이 된다. 또한 놀이는 즐거움과 흥겨움을 주어 삶의 재미를 적극적으로 추구하는 활동이다. 따라서 명랑함은 놀이하는 인간에게 본질적인 요소다. 크네히트는 진정한 유리알 유희자라면 명랑함에 푹 젖어 있어야 한다고 생각했다. 마치 잘 익은 과일이 달콤한 과즙으로 가득 차 있듯 말이다.

해변에서 쓸려 오는 파도에 모래성이 무너지더라도 어린아이는 기쁜 마음으로 다시 모래성을 쌓는다. 아이에게 모래성을 쌓는 일은 힘겨운 노동이 아닌 흥겨운 놀이다. 우리도 삶이 모래성처럼 무너져도 웃으며 나아갈 수 있는 용기가 필요하다.

"그런 명랑함은 바로 용감함, 세상의 끔찍함과 불 한가운데를 명랑하게 웃으면서 걷고 춤추며 지나가는 것, 축제하듯 희생을 치르는 것과 같네."

《유리알 유희》

평온함 속에 크고 작은 기쁨이 숨어 있다

정신없이 일상에 쫓겨 살아가다 보면 아름다운 자연을 보고도

별다른 감흥을 느끼지 못한다. 감동 없는 일상이 계속되면 당연히 긍정적인 마음을 가지기가 어렵다. 결국 누구를 만나고 싶은 의욕도 사라져 혼자 있게 되고 우울해진다. 헤세는 슬픔에 잠긴 채 홀로 남겨져 있다면 이렇게 해 보라고 말한다.

가끔 아름다운 시의 구절을 낭송하라.
감미로운 음악을 들으며 화려한 풍경을 둘러보며 걸어 보라.
생애에 가장 순수하고 행복했던 순간을 수시로 떠올려 보라.

만약 당신이 간절한 마음을 담아 헤세의 조언대로 행동한다면 명랑한 마음과 기분 좋은 순간이 곧 찾아올 것이다. 슬픈 과거의 시간이 기억 속에서 사라지고 다가올 미래가 든든하게 여겨질 것이다. 당신의 삶은 어느 때보다도 아름다운 삶의 기적이 일어날 것이다.

"아름다움은 그것을 소유한 자를 행복하게 하는 것이 아니라, 그것을 사랑하고 숭배하는 자를 행복하게 한다."

<마르틴의 일기>

우리가 도달할 수 있는 최고의 경지가 있다면 명랑함일 것이다. 그것은 곧 어떤 시련에도 흔들리지 않는 평온함이다. 명랑

함이 있는 한 어떤 소용돌이에도 휩쓸리지 않고 우리의 항해는 계속될 것이다.

마음속에 항상 작은 등불 하나를 밝히고 있다면 완전한 기쁨이 찾아온다. 그 등불은 자신의 인생 전체에 감사하는 마음이다. 가장 고통스러운 순간이 찾아와도 오히려 감사하는 마음을 가져 보자. 그러면 비록 시작은 미약하나 언젠가 어두운 세상을 구석구석까지 비추는 커다란 등대 같은 존재가 될 것이다.

나와 내 삶의 의미

20

삶의 길 끝에는
완전한 내가 서 있다

각성

크네히트는 오랫동안 잊고 있던 옛날에 쓴 시의 한 구절이 갑자기 떠올랐다. 시는 그의 마음에 맴돌았다. 시에 관해 테굴라리우스에게 묻자 그는 크네히트가 자신에게 보냈던 친필 원고 뭉치를 찾아 줬다. 크네히트가 스스로 '각성'이라고 이름 붙인 영적인 체험을 한 특별한 날들에 쓴 〈단계〉라는 제목의 시였다.

꽃이 모두 시들듯이,

젊음이 나이에 굴복하듯이,

지혜도, 덕도, 인생의 모든 단계도

제철에 꽃피울 뿐, 영원하지 않네.

생의 부름을 받을 때마다 마음은

슬퍼하지 않고 용감하게

새로이 다른 인연으로 나아가도록

이별과 새 출발을 각오해야 하지.

그리고 모든 시작에는 이상한 힘이 깃들어 있어

우리를 지켜 주고 살아가도록 도와준다.

공간에서 공간으로 명랑하게 나아가야지

어디에도 고향인 양 매달려선 안 되네

우주 정신은 우리를 구속하고 좁히는 대신

한 계단씩 올려 주고 넓혀 주려 한다.

생의 어느 한 영역에 뿌리내리고

친밀하게 길드는 바로 그 순간, 나태의 위협 밀려오나니

떠나고 여행할 각오된 자만이

습관의 마비에서 벗어날 수 있으리.

죽음의 순간에조차 아마 우리는

젊게 새로운 공간으로 넘어가는지도 모른다.

생의 부름은 결코 그치지 않으리니….

그러면 좋아, 마음이여, 작별을 고하고 건강하여라!

시 〈단계〉

　　　　　　　　나 와 내 삶 의 의 미

———

"사람은 성숙해 가면서 점점 더 젊어진다. 별로 중요한 말은 아니지만, 나도 그러하다. 나는 여전히 소년 시절의 생의 감정을 기본적으로 간직하고 있어서, 어른이 되고 나이 먹어 가는 것이 늘 일종의 코미디처럼 느껴졌다."

인생은 한 단계씩 밟아 나가며 초월하는 것

각성이란 '깨달음'을 뜻하며, 그때그때의 자기 자신을 인식하는 것이다. 각성은 다른 말로 표현하면 '자기 인식'이다. 각성은 삶의 각각의 단계에서 자기가 차지하는 위치와 사명을 인식하는 것이다. 성장하는 삶에는 단계가 있다. 인생이란 자신에게 본질적인 것을 찾아 각성의 길을 걷는 것이다. 크네히트는 자신의 생애에서 결정적인 순간들, 즉 '각성의 순간들'을 통해 이미 작별과 새로운 출발이라는 각성의 길을 걸어왔다. 각성은 질문, 결심, 작별의 순서로 진행된다.

첫 번째, 삶을 송두리째 바꿔 놓을 만한 질문을 던져라.

모든 진정한 변화는 의문에서 시작된다. 각성의 시작은 어떤 것에 관해 질문을 던질 때 일어난다. 고대 그리스 철학자 소크라테스는 《소크라테스의 변론》에서 이렇게 말했다.

"캐묻지 않는 삶은 인간에게 살 가치가 없다."

더 나은 삶에 대해 성찰하지 않고 검토하지 않는 삶은 앞으로 나아갈 수가 없다. 이렇게 수많은 질문을 던지고 답을 찾고자 할 때 자기가 잘 알지 못한다는 사실을 깨닫게 된다. 각성의 첫

나 와 내 삶 의 의 미

번째 단계인 질문은 자신이 무지하다는 사실을 깨닫는 과정이다. 소크라테스가 말한 "너 자신을 알라"라는 말의 의미가 바로 이것이다. 나를 아는 자기 인식은 스스로 질문을 던지며 무지의 지(知)를 깨달으면서 시작된다.

크네히트에게는 과거 죽림에서 노형과의 만나 보낸 몇 달이 자신의 인생에서 특히 행복했던 시절이면서 동시에 각성이 시작한 계기였다. 그는 노형처럼 죽림의 울타리 뒤에 들어박힌 채 삶을 꾸려 나가는 것이 자기가 갈 길이 아님을 깨달았다. 그는 자기 내면에 들어 있는 어떤 힘을 인식하게 됐고, 그 힘은 크네히트가 다음 단계로 나아가도록 작용했다.

또한 야코부스 신부와의 관계를 통해 자신의 삶을 역사적 현실로 파악할 수 있는 안목을 갖게 되면서 크네히트는 새로운 단계로 나아갈 수 있었다. 크네히트는 인생이란 이렇게 각성해 가는 도정이라는 것을 배웠다. 크네히트는 이 과정에서 유리알 유희가 정말 헌신으로 평생을 바칠 만한 가치가 있는지에 대해 스스로에게 물었다.

"그렇다면 유리알 유희가 나의 길이었던가?"
"나의 능력이 최고로 발휘되어 결실을 맺을 수 있을까?"
"유리알 유희가 정말 평생을 봉사할 만한 가치가 있을까?"

두 번째, 익숙한 과거와 작별하기로 결심하라.

각성의 결과는 작별이다. 각성은 깨달음과 동시에 익숙한 과거와 작별을 고하는 일이다. 익숙하고 친숙한 안전지대에서 걸어 나와야 한다. 인생에서 가장 중요한 것은 '각성의 순간'에 하는 '결심'이다.

크네히트는 어린 시절에 발트첼에서 유리알 유희에 자신을 바치기로 한 소명을 깨달은 것도, 훗날 카스탈리엔에서 최고의 지위인 유리알 유희 명인으로 임명된 것도 크고 작은 발걸음에 불과했다는 사실을 깨달았다. 그는 이 길의 끝에서 결코 세상의 심장이나 진리의 중심에 서 있지 못한다는 사실을 깨닫게 된 것이다. 현재 자기 자신의 모습에 대한 각성도 새로운 환경에 놓인 자신을 다시 발견하는 것이며 새로운 상황에 순응하는 일에 지나지 않았기 때문이다.

세 번째, 자기 자신을 초월하라.

각성에는 작별과 새 출발이 뒤섞여 있다. 각성의 마지막 단계에 이르러 새로운 공간으로 떠나는 결심을 한 후에는 새롭게 출발해야 한다. 시작하지 않으면 어떤 변화도 일어나지 않는다. 헤세는 이렇게 말했다.

"모든 시작에 이상한 힘, 마법이 깃들어 있다."

나와 내 삶의 의미

삶은 탄생과 죽음 사이의 수많은 단계로 이루어져 있다. 각성은 하나의 단계를 떠나 다음 단계로 이행하는 과정에서 일어난다. 즉 각성은 각각의 단계로 이뤄진다. 인생의 모든 단계마다 마음으로 작별과 새로운 시작을 준비해야 한다. 우리는 명랑하게 공간에서 공간을 통과해야 한다. 한 단계 한 단계 높이고 확장해야 한다. 각성에서 중요한 것은 진리의 발견이 아니라 현실 세계 속에서 자신의 소명을 인식하는 일이다.

"각성에서 진리와 인식이 중요한 게 아니라 현실과 그 현실의 체험, 그것을 살아 내는 일이 문제였다. 각성했을 때 사람들은 사안의 핵심이나 진리에 더 가까이 다가가는 것이 아니라 순간적인 상황에서 자기 자신의 처지를 파악하고, 그것을 실현하거나 겪을 뿐이다. 사람들은 그때 어떤 법칙을 발견하는 게 아니라 결심을 하게 되고, 세상의 중심이 아니라 자신의 중심으로 들어가게 된다."

《유리알 유희》

크네히트는 인생 전반에서 한 단계씩 이곳에서 저곳으로 용감하게 나아갔다. 앞서 말했듯이 크네히트의 이름은 하인이란 뜻이다. 그는 이름부터 봉사하는 자다. 그래서 크네히트는 각성의 마지막 단계에서 카스탈리엔을 떠나 교육자로 살기로 결심하고 데시뇨리의 아들 티토의 가정 교사가 되기 위해 떠난다.

티토를 만난 다음 날 아침, 크네히트는 같이 수영하자는 티토의 제안을 혼쾌히 받아들인다. 그는 위험을 무릅 쓰고 살을 에는 듯한 차가운 물속으로 몸을 던진다. 결국 크네히트는 익사하고 만다. 티토는 스승 크네히트의 죽음에 자신도 책임이 있다는 죄책감을 느꼈다. 크네히트의 돌연한 죽음은 헛되지 않고 티토의 삶에 전환점이 됐다. 크네히트가 지금까지 이루고자 했던 카스탈리엔과 바깥세상의 조화와 균형이 그의 죽음으로 중단된 것은 아니다. 크네히트가 전 생애를 통해 깨달았던 정신은 이제 티토의 삶을 통해 완성될 것이기 때문이다.

익숙함에서 벗어나야 성장한다

우리는 익숙한 현실과 작별하고 미래를 향해 나아갈 때 창조적인 삶을 살 수 있다. 익숙함과의 결별은 일상에 생기를 불어넣으면서도 고통스럽다. 마치 따뜻한 봄날에 찾아오는 폭풍우처럼 무의식 깊은 곳까지 뒤흔들어 놓기 때문이다. 하지만 새로운 단계를 향해 나아갈 때 권태로운 현실에서 벗어날 수 있다.

"좋아하는 것에 연연하고 집착하면서 그것을 성실이라 여기는가? 그건 나태함일 따름이다."

〈꿈의 집〉

헤세는 삶의 어느 단계에서든 고향에서처럼 뿌리내리며 친밀하게 적응하는 순간, 우리를 위협하는 것이 있다고 말한다. 그것은 바로 우리가 새로운 공간으로 떠나지 못하게 하는 '나태함'이다. 이러한 나태함은 습관의 마비를 부른다. 습관의 마비에 걸린 사람은 무엇을 왜 하는지 의식조차 없이 기계처럼 살아간다. 따라서 이제 때가 되었다는 생각이 든다면 더 이상 머뭇거리거나 우물쭈물해서는 안 된다.

"여행할 준비가 되어 있는 자만이 사람을 마비시키는 습관에서 벗어날 수 있다."

시 〈단계〉

매일 익숙한 듯 살아가는 게 무서울 때, 나를 사랑할 용기가 없을 때, 세상에 기댈 곳이 없을 때, 가야 할 길은 있는데 그 길이 희미할 때, 눈부신 하늘 아래서 나만 바보 같을 때, 지금까지 자신에게 부여했던 모든 의미를 잊어라. 힘들고 두려운 지금 이 순간은 나의 잘못이 아니며 단지 삶의 과정일 뿐이다.

삶의 다음 단계로 나아가기 위해 '내려놓음'이 필요하다. 무작정 앞으로만 나아가려고 노력하기보다 오히려 애쓰지 않을 때 삶이 훨씬 편안해질 수 있다. 그러니 지나간 과거의 삶에 연연하지 말자. 그래야 지치지 않고 현재의 삶을 살아갈 수 있다.

삶은 외부가 아닌 자기 자신 안으로 되돌아오는 영원한 여행이다. 또한 삶은 직선이 아닌 타원형으로 나선형을 그리며 나아간다. 삶은 수많은 계단을 발판 삼아 진정한 자기 자신을 찾아 떠나는 여행이다. 떠나기로 결심한 사람은 세상의 중심이 아니라 자신의 중심에 이르게 된다. '나는 누구인가'에 대한 깨달음이 일어나는 순간 완전한 행복이 찾아온다.

"한번 성숙의 여정에 발을 내디딘 자는 더 이상 실패하지 않는다. 오직 이기는 길밖에 없다. 어느 날 자신을 가두었던 감옥 문이 열린 것을 발견하고, 마지막 심박동과 함께 불완전한 상태에서 벗어날 시간을 맞이할 때까지."

〈1916년 기억을 위하여〉

삶의 단계마다 각성은 절대로 끝나지 않는다. 어쩌면 죽음의 순간마저 우리는 새로운 시간과 새로운 공간을 맞이하게 될 것이다. 마치 크네히트의 죽음이 그의 제자 티토가 자기 자신의 삶을 변화시키고 자신에게 훨씬 위대한 것을 요구할 계기가 된 것처럼 말이다.

나와 내 삶의 의미

- 《게르트루트》, 헤르만 헤세 지음, 황종민 옮김, 현대문학
- 《그리움이 나를 밀고 간다》, 헤르만 헤세 지음, 두행숙 옮김, 문예춘추사
- 《그림자》, 이부영 지음, 한길사
- 《나의 믿음》 헤르만 헤세 지음, 강민경 옮김, 로만
- 《내가 누군지도 모른 채 마흔이 되었다》, 제임스 홀리스 지음, 김현철 옮김, 더퀘스트
- 《노자 도덕경》, 노자 지음, 김원중 옮김, 휴머니스트
- 《데미안》, 헤르만 헤세 지음, 전영애 옮김, 민음사
- 《데미안》, 헤르만 헤세 지음, 홍성광 옮김, 현대문학
- 《매일 읽는 헤르만 헤세》, 헤르만 헤세 지음, 유영미 옮김, 니케북스
- 《명상록》, 마르쿠스 아우렐리우스 지음, 천병희 옮김, 도서출판 숲
- 《문명 속의 불만》, 지그문트 프로이트 지음, 김석희 옮김, 열린책들
- 《밤의 사색》, 헤르만 헤세 지음, 배명자 옮김, 반니
- 《벗에게 시집을 들고》, 헤르만 헤세 지음, 이정순 옮김, 종문화사
- 《사랑하는 사람은 행복하다》, 헤르만 헤세 지음, 정현규 옮김, 문학판
- 《삶을 견디는 기쁨》, 헤르만 헤세 지음, 유혜자 옮김, 문예춘추사
- 《시인은 저녁에 무엇을 보았나!》, 헤르만 헤세 지음, 임용호 옮김, 종문화사
- 《싯다르타》, 헤르만 헤세 지음, 박병덕 옮김, 민음사
- 《싯다르타》, 헤르만 헤세 지음, 홍성광 옮김, 현대문학
- 《아니마와 아니무스》, 이부영 지음, 한길사
- 《어쩌면 괜찮은 나이》, 헤르만 헤세 지음, 폴커 미헬스 엮음, 유혜자 옮김, 프시케의숲
- 《왕보다 더 자유로운 삶》, 에픽테토스 지음, 김재홍 옮김, 서광사
- 《원형과 무의식》, 칼 구스타프 융 지음, 한국융연구원 C.G. 융 저작 번역위원회 옮김, 솔출판사

- 《유리알 유희 1》, 헤르만 헤세 지음, 이영임 옮김, 민음사

- 《유리알 유희 2》, 헤르만 헤세 지음, 이영임 옮김, 민음사

- 《인간과 상징》, 칼 구스타프 융 지음, 이윤기 옮김, 열린책들

- 《인생의 해석》, 헤르만 헤세 지음, 배명자 옮김, 반니

- 《자기와 자기실현》, 이부영 지음, 한길사

- 《잠 못 이루는 밤》, 헤르만 헤세 지음, 홍성광 옮김, 현대문학

- 《장자》, 장자 지음, 김갑수 옮김, 글항아리

- 《정원에서 보내는 시간》, 헤르만 헤세 지음, 두행숙 옮김, 웅진지식하우스

- 《죽음에 이르는 병》, 쇠렌 키르케고르 지음, 임규정 옮김, 한길사

- 《청춘은 아름다워》, 헤르만 헤세 지음, 김세나, 박진권 옮김, 더스토리

- 《클링조어의 마지막 여름》, 헤르만 헤세 지음, 황승환 옮김, 민음사

- 《팡세》, 블레즈 파스칼 지음, 이환 옮김, 민음사

- 《플라톤의 국가·정체》, 플라톤 지음, 박종현 옮김, 서광사

- 《헤르만 헤세 시집》, 헤르만 헤세 지음, 송영택 옮김, 문예출판사

- 《헤르만 헤세 인생론》, 헤르만 헤세 지음, 송동윤 옮김, 스타북스

- 《헤르만 헤세 인생의 말》, 헤르만 헤세 지음, 시라토리 하루히코 엮음, 이지수 옮김, 더블북

- 《헤르만 헤세 청춘이란?》, 헤르만 헤세 지음, 송동윤 옮김, 스타북스

- 《헤르만 헤세, 내게 손을 내밀다》, 헤르만 헤세 지음, 폴커 미헬스 엮음, 홍성광 옮김, 하늘재

- 《헤르만 헤세를 읽다》, 천민진 지음, 휴머니스트

- 《헤르만 헤세의 나로 존재하는 법》, 헤르만 헤세 지음, 유영미 옮김, 뜨인돌

- 《헤르만 헤세의 나무들》, 헤르만 헤세 지음, 안인희 옮김, 창비

- 《헤르만 헤세의 진실》, 민성길 지음, 인간사랑

- 《헤르만 헤세의 책이라는 세계》, 헤르만 헤세 지음, 김지선 옮김, 뜨인돌

- 《헤세》, 정여울 지음, arte(아르테)

- 《헤세로 가는 길》, 정여울 지음, arte(아르테)

- 《헤세의 명언》, 헤르만 헤세 지음, 최혁순 옮김, 범우

- 《황야의 늑대》, 헤르만 헤세 지음, 안장혁 옮김, 현대문학

- 《황야의 이리》, 헤르만 헤세 지음, 김누리 옮김, 민음사